W0332905

Mareile Heiting

WhatsApp

Die verständliche Anleitung

Vierfarben

Wir hoffen, dass Sie Freude an diesem Buch haben und sich Ihre Erwartungen erfüllen. Ihre Anregungen und Kommentare sind uns jederzeit willkommen. Bitte bewerten Sie doch das Buch auf unserer Website unter **www.rheinwerk-verlag.de/feedback**.

An diesem Buch haben viele mitgewirkt, insbesondere:

Lektorat Isabella Bleissem
Korrektorat Angelika Glock, Ennepetal
Herstellung Denis Schaal
Typografie und Layout Christine Netzker
Einbandgestaltung Bastian Illerhaus
Coverbilder iStock: 473179492©Geber86, 612236384©SolStock; 945479232©fotosipsak; WhatsApp Inc
Satz weiss.design/zienke.design
Druck und Bindung mediaprint solutions, Paderborn

Dieses Buch wurde gesetzt aus der ITC Charter (10,5 pt/15 pt) in Adobe InDesign CC.
Gedruckt wurde es auf chlorfrei gebleichtem Offsetpapier (90 g/m²).
Hergestellt in Deutschland.

Das vorliegende Werk ist in all seinen Teilen urheberrechtlich geschützt. Alle Rechte vorbehalten, insbesondere das Recht der Übersetzung, des Vortrags, der Reproduktion, der Vervielfältigung auf fotomechanischen oder anderen Wegen und der Speicherung in elektronischen Medien.

Ungeachtet der Sorgfalt, die auf die Erstellung von Text, Abbildungen und Programmen verwendet wurde, können weder Verlag noch Autor, Herausgeber oder Übersetzer für mögliche Fehler und deren Folgen eine juristische Verantwortung oder irgendeine Haftung übernehmen.

Die in diesem Werk wiedergegebenen Gebrauchsnamen, Handelsnamen, Warenbezeichnungen usw. können auch ohne besondere Kennzeichnung Marken sein und als solche den gesetzlichen Bestimmungen unterliegen.

Bibliografische Information der Deutschen Nationalbibliothek:
Die Deutsche Nationalbibliothek verzeichnet diese Publikation in der Deutschen Nationalbibliografie; detaillierte bibliografische Daten sind im Internet über *http://dnb.d-nb.de* abrufbar.

ISBN 978-3-8421-0690-1

1. Auflage 2019
© Rheinwerk Verlag, Bonn 2019

Vierfarben ist eine Marke des Rheinwerk Verlags. Der Name Vierfarben spielt an auf den Vierfarbdruck, eine Technik zur Erstellung farbiger Bücher. Der Name steht für die Kunst, die Dinge einfach zu machen, u. a.s dem Einfachen das Ganze lebendig zur Anschauung zu bringen.

Informationen zu unserem Verlag und Kontaktmöglichkeiten finden Sie auf unserer Verlagswebsite **www.rheinwerk-verlag.de**. Dort können Sie sich auch umfassend über unser aktuelles Programm informieren und unsere Bücher und E-Books bestellen.

Liebe Leserin, lieber Leser,

vermutlich haben viele von Ihnen sich gerade erst dazu durchgerungen, dem Drängen von Familie und Bekannten nachzugeben und nun endlich auch ein Teil der großen WhatsApp-Gemeinde zu werden. Ihr Umfeld wird sich herzlich darüber freuen, nun auf diese Weise mit Ihnen in einen regen Austausch einzutreten. Aber auch Sie werden WhatsApp sicher bald nicht mehr missen wollen, wenn Sie damit näher Bekanntschaft schließen.

Vertrauen Sie sich dazu unserer erfahrenen Autorin Mareile Heiting an, und lassen Sie sich von ihr alles der Reihe nach zeigen – von der Einrichtung der App auf Ihrem Android-Smartphone oder iPhone über den ersten Austausch von Textnachrichten, das »Aufpeppen« mit Emojis und Stickern, das Senden von Fotos und Sprachnachrichten, das Telefonieren mit WhatsApp, das nun sogar mit mehreren Gesprächsteilnehmern möglich ist, bis zur Organisation der nächsten Feier im sog. Gruppenchat. Mareile Heiting ist seit Jahren mit den Fragen und Anliegen vor allem auch von Späteinsteigern vertraut. So verrät sie Ihnen u. a. auch alles Wissenswerte zum Thema Datensicherheit, zeigt Ihnen, wie Sie WhatsApp komfortabel auf dem Computer nutzen, und erklärt, wie Sie mit unerwünschten Kontakten verfahren und für Ordnung und Überblick in Ihren sich sicher rasch füllenden Chatverläufen sorgen können. Wenn Sie dann WhatsApp aus dem Effeff beherrschen, können sich auch die »Profis« sicher noch etwas von Ihnen abschauen.

Dieses Buch wurde mit größter Sorgfalt geschrieben und hergestellt. Sollten Sie dennoch einmal einen Fehler finden oder inhaltliche Anregungen haben, freue ich mich, wenn Sie mit mir in Kontakt treten. Für Kritik bin ich dabei ebenso offen wie für lobende Worte. Doch nun wünsche ich Ihnen erst einmal viel Freude und Erfolg beim »WhatsAppen«!

Ihre Isabella Bleissem
Lektorat Vierfarben

isabella.bleissem@rheinwerk-verlag.de

Inhalt

KAPITEL 8

KAPITEL 1

Erste Schritte mit WhatsApp

»Was ist los, was geht ab?« oder auf Englisch: »What's up?« Letzteres klingt so ähnlich wie *WhatsApp*, und genau das ist der Name einer der weltweit beliebtesten Anwendungen auf dem Smartphone. Über eine Milliarde Menschen nutzen den Messenger WhatsApp, um mit der Familie oder mit Freunden zu kommunizieren. Bei den Unterhaltungen, auch *Chats* genannt, werden Bilder und Videos ausgetauscht, Sprachnachrichten verschickt und vieles mehr. Möchten Sie auch mitreden und Teil der großen WhatsApp-Gemeinde werden? In diesem Buch lernen Sie Schritt für Schritt die Vielzahl der Funktionen kennen und erfahren viel Wissenswertes rund um die App.

Wichtige Fakten vor dem Start

Früher verschickte man fleißig SMS, heute tauscht man sich via WhatsApp aus. Doch warum ist diese App (Abkürzung für *Application*, zu Deutsch: »Anwendung«) so beliebt? Die Vorteile sind schnell aufgezählt:

- Egal, ob Sie ein Smartphone mit Android oder ein iPhone-Modell besitzen: WhatsApp lässt sich auf mehr oder weniger jedem Smartphone nutzen, wenn es nicht gerade ausgesprochen alt ist. Um den Messenger installieren zu können, sollte auf einem Android-Gerät mindestens die Betriebssystemversion Android 4 oder neuer installiert sein, für ein iPhone gilt die Mindestvoraussetzung iOS 8 oder neuer.

- Mit WhatsApp können Sie nicht nur Textnachrichten verschicken, sondern auch Fotos, Videos und Sprachnachrichten. Selbst Standortangaben und Kontaktinformationen lassen sich weiterleiten. Dabei können Sie nicht nur mit einem Kontakt gleichzeitig kommunizieren – die Gruppenchats lassen Unterhaltungen sogar mit bis zu 256 Personen zu. Telefonieren Sie lieber mit Ihren Kontakten? Auch das ist mit WhatsApp möglich. Sprach- und Videotelefonate lassen sich mit bis zu vier Personen gleichzeitig führen.
- WhatsApp nutzt die Internetverbindung Ihres Smartphones. Damit fallen keine hohen Mobilfunkkosten an. Steht ein kostenloses WLAN zur Verfügung, kostet Sie das Chatten keinen Cent, was vor allem bei einem Auslandsaufenthalt höchstinteressant ist. Ist Ihr Smartphone per mobiler Datenverbindung mit dem Internet verbunden (z. B. 4G, 3G, 2G oder EDGE), sollten Sie das Datenvolumen im Blick behalten. Einige Tricks hierzu erfahren Sie im Verlauf des Buches.

Alternativen zu WhatsApp

WhatsApp ist zwar der am häufigsten genutzte Messenger, er steht aber durchaus auch in der Kritik, vor allem was den Datenschutz angeht. Denn mit der Anmeldung bei WhatsApp werden automatisch alle im Mobiltelefon gespeicherten Kontakte an den Anbieter übertragen, ohne dass der Nutzer hierzu seine Einwilligung gibt. Diese Daten werden an das US-Unternehmen WhatsApp Inc. und somit in ein Land außerhalb des europäischen Wirtschaftsraums übermittelt. WhatsApp Inc. wurde übrigens 2014 vom amerikanischen Unternehmen Facebook Inc. aufgekauft. Manche Anwender ziehen deshalb Alternativen zu WhatsApp vor. Der Whistleblower und Datenschutzaktivist Edward Snowden empfiehlt z. B. den Messenger *Signal* (*https://signal.org/de*). Weitere Alternativen sind *Threema* (*https://threema.ch/de*) sowie *Telegram* (*https://telegram.org*). Sie können alle Messenger problemlos parallel auf Ihrem Smartphone einsetzen. Wenn also einer Ihrer Kontakte lieber eine der Alternativen verwendet, müssen Sie deshalb nicht auf die Kommunikation per Messenger mit ihm verzichten.

Bis Anfang 2016 musste man für die Nutzung von WhatsApp eine kleine Gebühr entrichten. Mittlerweile können Sie den Messenger kostenlos über den jeweiligen Store Ihres Smartphone-Typs beziehen. Bei einem Android-Gerät ist dies der *Play Store* und beim iPhone der *App Store*. Um Apps aus den beiden Stores auf Ihr Gerät herunterladen zu können, müssen Sie sich zuvor dort anmelden. Hierfür benötigen Sie jeweils ein spezielles Konto. Im Falle eines Android-Smartphones handelt es sich dabei um ein *Google-Konto* und beim iPhone um eine *Apple-ID*. Ein solches Konto richten Sie im Normalfall bei der ersten Nutzung Ihres Smartphones ein.

WhatsApp installieren

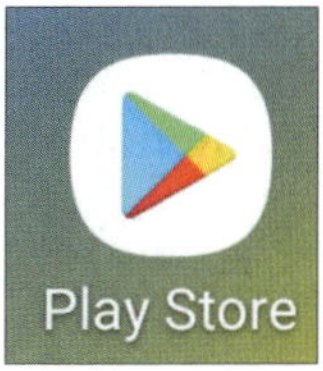

Ihr Smartphone ist mit dem Internet verbunden? Dann können Sie gleich mit der Installation von WhatsApp beginnen. Wie Sie hierzu vorgehen, wird im Folgenden am Beispiel des Play Stores für Android-Geräte gezeigt. Die Schritte, die Sie im App Store für das iPhone vornehmen, sind aber nahezu identisch.

1. Öffnen Sie den Play Store per Tipp auf sein App-Symbol auf dem Startbildschirm. Wird es dort nicht angezeigt, erreichen Sie es über die App-Übersicht, die Sie entweder über das Symbol **Menü** ⁝⁝⁝ oder alternativ mit einer Wischbewegung vom unteren zum oberen Bildschirmrand einblenden.

2. WhatsApp zählt zu den beliebtesten Apps und wird deshalb meist bereits auf der Startseite des Play Stores aufgeführt ❶. Wenn Sie das Symbol hier nicht entdecken sollten, geben Sie im Suchfeld ❷ die Stichworte »WhatsApp Messenger« ein. Mit einem Tipp auf das entsprechende Suchergebnis gelangen Sie zur Detailseite des WhatsApp Messengers.

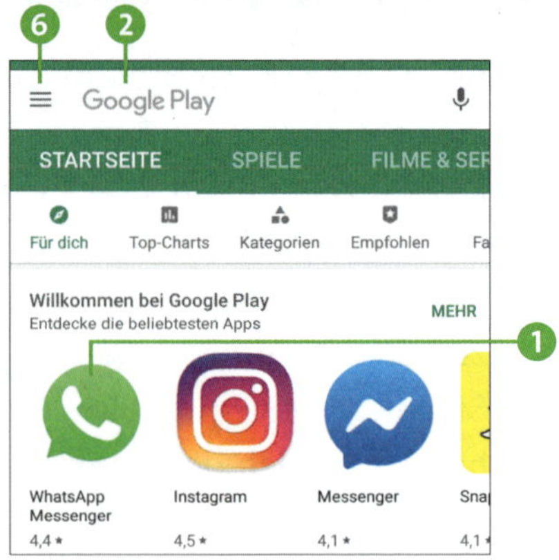

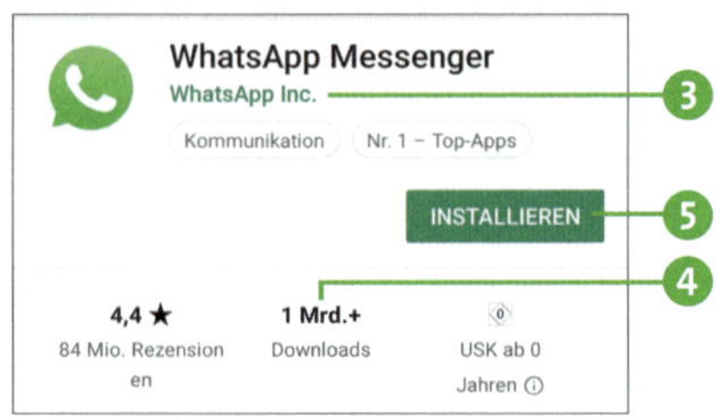

3. Leider gibt es einige Entwickler, die ihre Apps unter einem ähnlichen Namen anbieten und so versuchen, ihre nicht immer gut gelungenen Anwendungen unter die Leute zu bringen. Das »echte« WhatsApp wurde von der Firma *WhatsApp Inc.* 3 entwickelt und mittlerweile über eine Milliarde Mal heruntergeladen 4. Um sicherzugehen, dass Sie gleich auch wirklich diese App auf Ihrem Smartphone installieren, überprüfen Sie bitte den Namen des Messengers und des Unternehmens.

4. Sind beide Angaben korrekt, tippen Sie auf **Installieren** 5. Auf einigen Smartphones wird die App übrigens bereits vom Hersteller vorinstalliert. In diesem Fall finden Sie auf der Schaltfläche statt **Installieren** die Beschriftung **Aktivieren**.

5. Um mit Kontakten zu kommunizieren und Fotos, Videos und mehr austauschen zu können, benötigt WhatsApp den Zugriff auf die entsprechenden Apps auf Ihrem Smartphone. Falls hierzu ein entsprechender Hinweis erscheint, stimmen Sie mit einem Tipp auf **Akzeptieren** dem Zugriff zu. Wie Sie die erteilten Berechtigungen später korrigieren, erfahren Sie im Kasten »Worauf WhatsApp zugreifen darf: Berechtigungen einschränken« auf Seite 103.

6. Die Installation bzw. Aktivierung von WhatsApp dauert nur wenige Sekunden. Über die Schaltfläche **Öffnen** können Sie die App gleich aus dem Store heraus starten. Möchten Sie sie erst später ausprobieren, finden Sie das WhatsApp-Symbol wie gewohnt in der App-Übersicht bzw. auf einem der Startbildschirme.

Im nächsten Abschnitt erfahren Sie, welche Angaben WhatsApp von Ihnen benötigt, bevor Sie mit Ihren Kontakten Nachrichten, Fotos und mehr austauschen können.

WhatsApp aktuell halten

Die Entwickler von Apps veröffentlichen immer wieder neue Versionen der Anwendungen. Mit jedem dieser Updates erhält eine App aber nicht nur zusätzliche Funktionen, es werden vor allem auch Fehler (sog. *Bugs*) ausgebessert und Sicherheitslücken geschlossen. Aus diesem Grund sollten Sie immer darauf achten, eine App auf dem neuesten Stand zu halten. Die Aktualisierung von WhatsApp erfolgt normalerweise automatisch, Sie können aber auch selbst überprüfen, ob eine neue Version verfügbar ist. Auf einem Android-Smartphone öffnen Sie hierzu den Play Store. Tippen Sie am linken Rand des Suchfelds auf das Symbol ≡ 6 und dann auf **Meine Apps und Spiele**. Beim iPhone öffnen Sie den App Store und tippen unten auf **Updates**. Die folgende Übersicht zeigt, für welche Apps Updates vorliegen. Mit einem Tipp auf **Alle Aktualisieren** bringen Sie alle Apps in einem Rutsch auf den neuesten Stand. Da hierbei viele Daten übertragen werden, sollten Sie den Vorgang nur dann starten, wenn Sie mit einem WLAN verbunden sind.

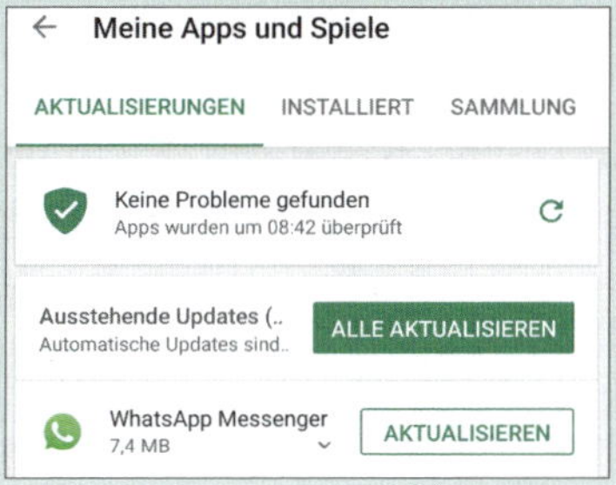

Der erste Start von WhatsApp

Bevor Sie WhatsApp nutzen können, benötigt die App ein paar Informationen von Ihnen. So werden Sie u. a. aufgefordert, die Mobilfunknummer des Smartphones, auf dem Sie den Messenger nutzen, zur Verifizierung anzugeben. Ohne eine Mobilfunknummer lässt sich WhatsApp nicht nutzen!

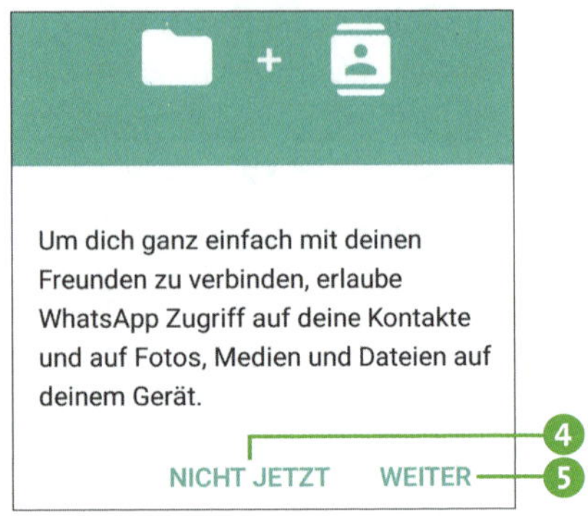

1. Öffnen Sie die App das erste Mal, müssen Sie zunächst die **Datenschutzrichtlinie** ❶ und die **Nutzungsbedingungen** ❷ von WhatsApp akzeptieren. Über die beiden Links können Sie sich über beide Themen detailliert informieren. Nach einem Tipp auf einen der Links startet der Browser mit der entsprechenden Webseite. Über die Zurück-Taste bzw. beim iPhone über die Home-Taste des Smartphones gelangen Sie wieder zur Willkommensseite von WhatsApp zurück, auf der Sie nun auf **Zustimmen und fortfahren** ❸ tippen.
2. Damit Sie Ihren Freunden und Familienmitgliedern Textnachrichten schicken können, müssen Sie WhatsApp den Zugriff auf die Kontaktdaten erlauben. Dies gilt auch für Fotos, Medien und Dateien, die Sie ggf. mit anderen austauschen möchten. Eine Ablehnung mit **Nicht jetzt** ❹ hätte zur Folge, dass Sie einige Funktionen von WhatsApp nicht nutzen könnten. Bestätigen Sie den Hinweis an dieser Stelle deshalb mit **Weiter** ❺ und die weiteren Fragen mit **Zustimmen**. Wie Sie Zugriffe und Berechtigungen jederzeit Ihren Wünschen entsprechend einstellen, erfahren Sie im Kasten »Worauf WhatsApp zugreifen darf: Berechtigungen einschränken« auf Seite 103.
3. Im Gegensatz zu anderen Apps überprüft WhatsApp Ihre Identität nicht mithilfe einer E-Mail-Adresse und eines Passworts. Stattdessen wird geprüft, ob die gleich von Ihnen angegebene Mobil-

funknummer gültig ist. Werden Sie zur Eingabe der Nummer aufgefordert, geben Sie zunächst das Land an. Die App schlägt hier **Deutschland** 6 vor, was Sie nach einem Tipp auf den Ländernamen aber auch ändern können. Hierdurch wird zugleich automatisch die Länderkennung **+49** 7 für Deutschland also etwa in **+43** für Österreich und **+41** für die Schweiz korrigiert.

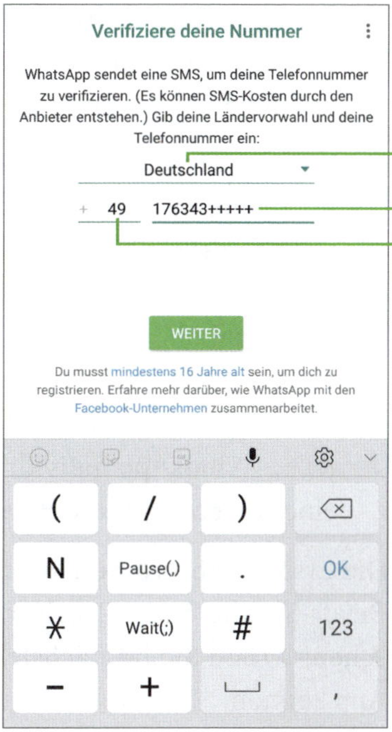

4. Tippen Sie in das Feld **Telefonnummer** 8, wird die virtuelle Tastatur eingeblendet. Verzichten Sie bei der Eingabe Ihrer Mobilfunknummer auf die führende Null (0).
5. Für die Registrierung bei WhatsApp müssen Sie mindestens 16 Jahre alt sein. Mit einem Tipp auf **Weiter** und dann auf **OK** bestätigen Sie die Richtigkeit der angegebenen Telefonnummer und die Einhaltung der Mindestaltervoraussetzung.
6. WhatsApp sendet an die eingetragene Mobilfunknummer eine SMS. Die Verifikation erfolgt im Normalfall blitzschnell und ganz ohne Ihr Zutun. Anschließend befinden Sie sich auf der Seite **Profilinfo**, wie im nächsten Schritt auf Seite 14 zu sehen. Funktioniert die Verifikation auf Ihrem Smartphone nicht automatisch, starten Sie selbst die Nachrichten-App und öffnen die SMS. Merken Sie sich den 6-stelligen Code 9, und tragen Sie diesen dann im ent-

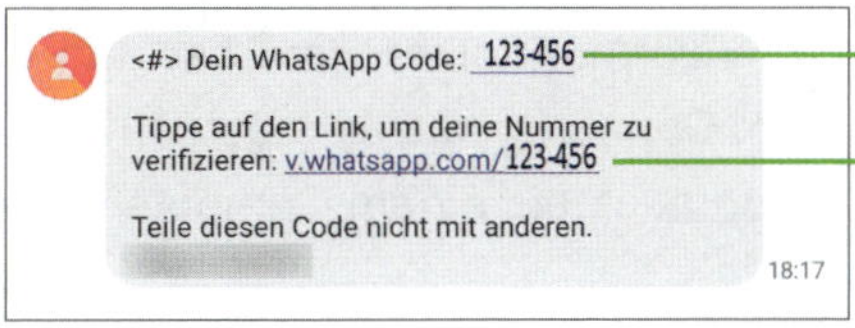

sprechenden Feld in WhatsApp ein. Sollte auch auf diesem Weg die Verifikation nicht gelingen, tippen Sie in der SMS auf den Link ⑩ und folgen dann den Anweisungen.

7. Nach erfolgreicher Verifikation werden Sie nun noch aufgefordert, Ihren Namen einzutragen. Über das Kamerasymbol könnten Sie bereits jetzt ein Profilbild hinterlegen. Dies ist aber auch später möglich, wie Sie in Kapitel 6, »WhatsApp individuell einrichten«, ab Seite 91 erfahren. Mit einem Tipp auf **Weiter** bestätigen Sie Ihren Namen.

Die Ersteinrichtung von WhatsApp ist nun erfolgreich abgeschlossen. Bevor Sie die ersten Nachrichten mit Freunden und Familie austauschen, lernen Sie im nächsten Abschnitt zunächst die Oberfläche der App kennen.

WhatsApp ohne Mobilfunknummer nutzen

WhatsApp benötigt für die Verifikation eine Mobilfunknummer. Das bedeutet zunächst, dass sich die App nur auf einem Smartphone mit SIM-Karte installieren lässt. Doch was tun, wenn Sie den Messenger z. B. auf einem Tablet nutzen möchten, das gar keinen SIM-Karten-Slot besitzt? In einem solchen Fall müssen Sie nicht auf WhatsApp verzichten. Wenn Sie zur Eingabe der Telefonnummer aufgefordert werden, geben Sie einfach eine Festnetznummer ein, unter der Sie erreichbar sind. Sie erhalten im weiteren Verlauf der Einrichtung einen Anruf. Notieren Sie sich den Code, der Ihnen in der elektronischen Ansage genannt wird. Diesen Code tragen Sie dann in WhatsApp ein. WhatsApp lässt sich auf einem Gerät übrigens immer nur mit einer einzigen Telefonnummer nutzen. Im Abschnitt »Was tun, wenn Sie WhatsApp Web am Computer nutzen möchten?« ab Seite 139 erfahren Sie, wie Sie die App auch auf einem Computer verwenden können.

Ein Blick auf die Oberfläche

Die Benutzeroberfläche von WhatsApp ist sehr übersichtlich gestaltet. Auf einem Android-Smartphone (in der Abbildung links) finden Sie direkt unterhalb des WhatsApp-Namens die vier Bereiche **Kamera** (symbolisiert durch ein Kamerasymbol), **Chats**, **Status** und **Anrufe**, die Sie jeweils per Tipp auf den Registerreiter aufrufen. Beim iPhone sind die Register am unteren Bildschirmrand angeordnet (siehe die rechte Abbildung). Alternativ zum Tipp auf den Registerreiter gelangen Sie auf einem Android-Smartphone mit einer horizontalen Wischbewegung von einem Bereich zum nächsten.

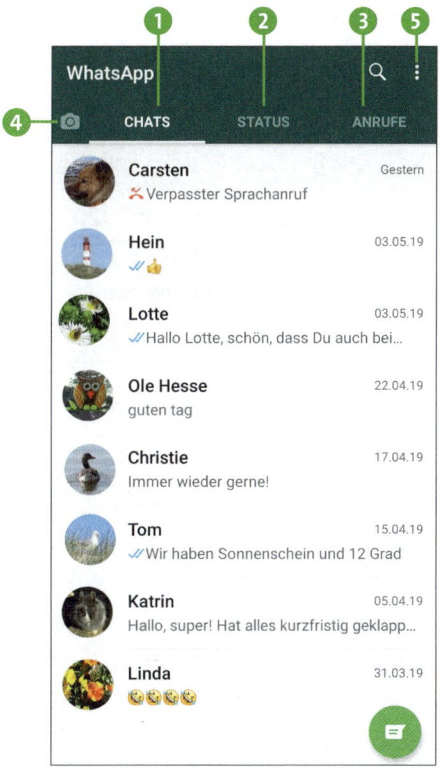

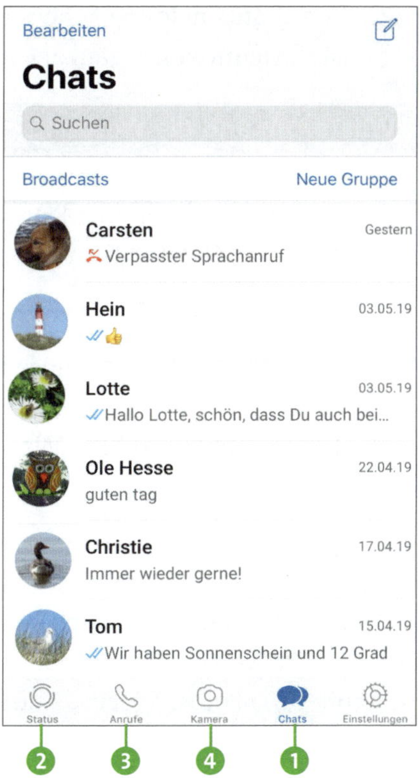

Nach dem Start der App befindet sich automatisch das Register **Chats** (1 auf Seite 15) im Vordergrund. Zu Beginn ist dieser Bereich noch leer, er füllt sich aber, sobald Sie beginnen, Nachrichten mit Kontakten oder Gruppen auszutauschen. Ihre Chats werden dann nach Datum und Uhrzeit sortiert angezeigt, wobei alle Nachrichten mit einer Person bzw. Gruppe zusammengefasst werden. Im nächsten Kapitel erfahren Sie ausführlich, wie Sie solche Nachrichten verschicken bzw. lesen.

Im Register **Status** 2 können Sie Ihren Kontakten mit kurzen Texten, Fotos oder Videos mitteilen, was gerade bei Ihnen los ist. Die Informationen verschwinden automatisch wieder nach 24 Stunden. Im gleichen Register erhalten Sie Einblick in die Statusmeldungen Ihrer Kontakte. Wie Sie den eigenen Status hinterlegen und welche Kontakte Ihre Statusmeldung sehen dürfen, zeige ich Ihnen im Abschnitt »Statusinformationen ergänzen« ab Seite 95.

WhatsApp und die Werbung

Bislang war WhatsApp noch werbefrei, doch das soll sich im Jahr 2020 ändern. Das Unternehmen plant, die Anzeigen im Bereich **Status** einzublenden, die Chats sollen hingegeben zunächst noch ohne Werbung bleiben.

WhatsApp ermöglicht kostenlose Sprach- und Videotelefonate mit Ihren WhatsApp-Kontakten. Die **Anrufe** 3 starten Sie über das gleichnamige Register. In Kapitel 5, »Mit WhatsApp telefonieren«, ab Seite 83 erfahren Sie mehr hierzu.

Ein Tipp auf den Registerreiter **Kamera** 4 reicht, und schon wird die Kamera Ihres Smartphones aktiviert. Nun können Sie Fotos und Videos aufnehmen oder auch bereits vorhandenes Bildmaterial auswählen. Das Versenden und Empfangen von Multimediadateien steht in Kapitel 3, »Fotos, Videos, Audio- und andere Dateien senden«, ab Seite 39 im Vordergrund. Um vom Bereich **Kamera** wieder zur Chatübersicht zu gelangen, wischen Sie auf einem Android-Smartphone auf dem Bildschirm einfach von rechts nach links. Beim iPhone gelangen Sie wie üblich durch Antippen des entsprechenden Registerreiters unten zurück zur Chatübersicht.

Über das Symbol ⋮ 5 oben rechts öffnen Sie auf einem Android-Smartphone das Menü, über das Sie diverse Einstellungsmöglichkeiten aufrufen (siehe die Abbildung links). Welche dies im Detail sind, hängt jeweils von dem Bereich ab, in dem Sie sich gerade befinden.

Beim iPhone gelangen Sie über das Register **Einstellungen** 6 am unteren Bildschirmrand zu den diversen Einstellungsmöglichkeiten (siehe die Abbildung rechts), über die Sie die entsprechenden Untermenüs aufrufen können. Die einzelnen Optionen lernen Sie im Verlauf des Buches noch kennen.

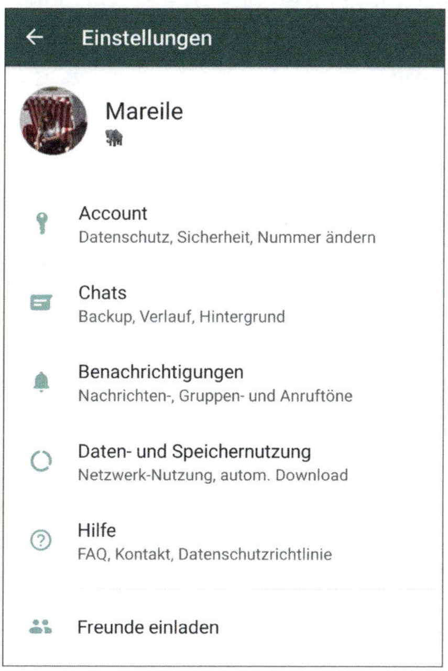

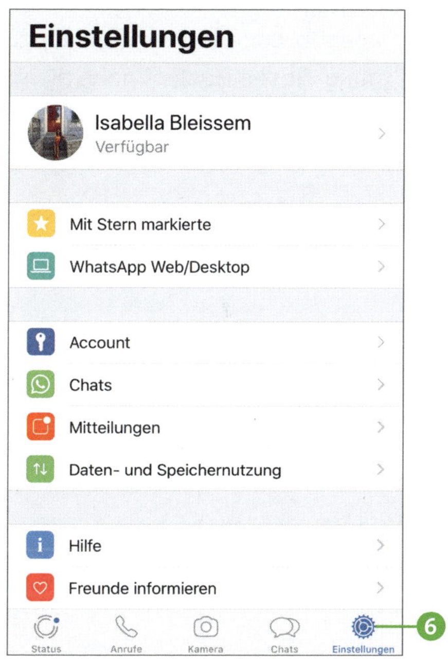

Unterschiede zwischen Android-Smartphone und iPhone

Auf einem Android-Smartphone setzt WhatsApp auf viele Symbole, auf dem iPhone finden sich hingegen mehr Textschaltflächen. Die vorherrschende Farbe in WhatsApp auf dem Android-Smartphone ist Türkis, auf dem iPhone schätzt man die Blautöne. Während solche Unterschiede zwischen den Geräten nur oberflächlicher Natur sind, gibt es bei den Funktionen durchaus größere Unterschiede. So kann es sein, dass eine Funktion bereits auf dem iPhone verfügbar ist, auf dem Android-Smartphone aber noch fehlt. Auch umgekehrt kann dies der Fall sein. Meist dauert es aber nicht allzu lange, bis eine bisher fehlende Funktion auch auf dem anderen Gerätetyp verfügbar ist. Manches wird zunächst auch erst in einzelnen Ländern ausprobiert, bevor es weltweit in WhatsApp integriert wird. Das gilt z. B. für die seit Langem diskutierte Bezahlfunktion. So ist es derzeit nur in Indien möglich, per WhatsApp zu bezahlen oder Überweisungen zu veranlassen. Wann die Funktion auch in anderen Ländern Einzug hält, ist zum Zeitpunkt der Drucklegung dieses Buches noch nicht bekannt.

KAPITEL 2

Textnachrichten senden und empfangen

Sobald Sie WhatsApp erfolgreich auf Ihrem Smartphone installiert haben und die Mobilfunknummer verifiziert wurde, können Sie auch schon mit Freunden und Familienmitgliedern kommunizieren. Voraussetzung hierfür ist allerdings, dass Sie die Mobilfunknummer der jeweiligen Person in der Kontakte-App Ihres Smartphones gespeichert haben. Denn WhatsApp greift automatisch auf diese Kontaktdaten zu und überprüft, welcher Ihrer Kontakte ebenfalls WhatsApp nutzt. Bevor Sie ab Seite 23 erfahren, wie Sie Textnachrichten verfassen, zeige ich Ihnen deshalb, wie Sie die Kontaktliste in WhatsApp aufrufen und fehlende Kontaktinformationen oder auch neue Kontakte hinzufügen.

Kontakte hinzufügen und auswählen

Bereits direkt nach dem ersten Start durchforstet WhatsApp die Kontakte-App Ihres Smartphones nach Mobilfunknummern. Sobald die App auf eine Telefonnummer stößt, die für WhatsApp verifiziert wurde, wird der entsprechende Kontakt automatisch in der Kontaktliste von WhatsApp aufgenommen. Um herauszufinden, welcher Ihrer Freunde oder Familienmitglieder den Messenger nutzt, müssen Sie also nur einen Blick in diese Liste werfen.

1. Starten Sie WhatsApp per Tipp auf das App-Symbol in der App-Übersicht.
2. Stellen Sie sicher, dass sich das Register **Chats** 1 im Vordergrund befindet. Tippen Sie hier auf das Symbol 2. (Beim iPhone entspricht dies dem Stiftsymbol, das Sie oben rechts finden).

3. In der folgenden Übersicht sehen Sie nun diejenigen Kontakte, die WhatsApp nutzen. Wenn die Bildschirmgröße nicht ausreicht, um alle Kontakte anzuzeigen, blättern Sie mit einer vertikalen Wischbewegung in der Kontaktliste.

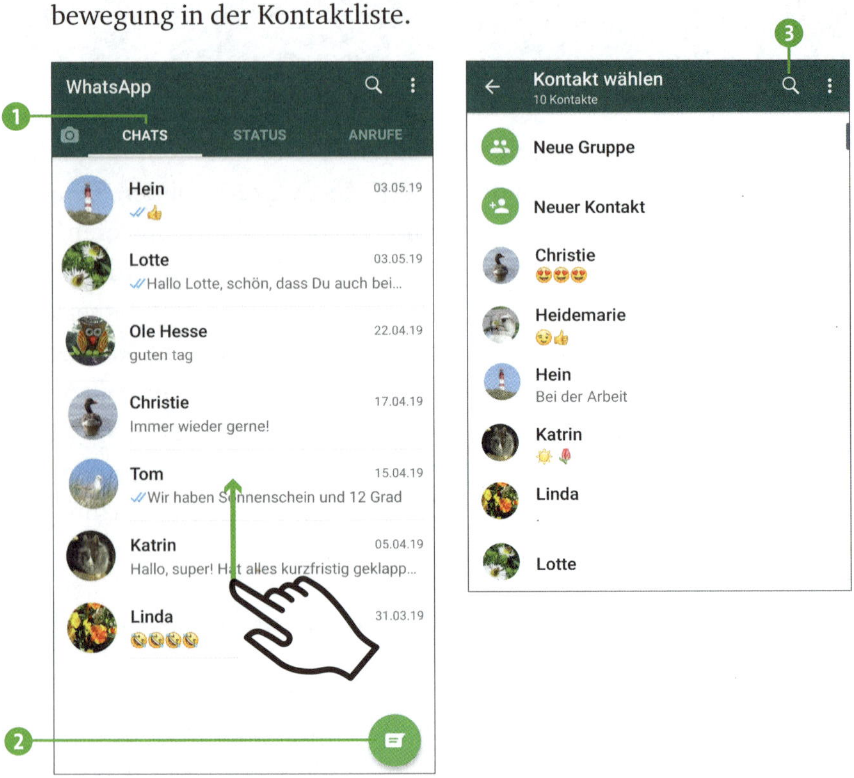

Über die Suchfunktion von WhatsApp lässt sich gezielt nach einem Kontakt suchen. Tippen Sie hierzu einfach nach Aufruf der Kontaktliste auf das Lupensymbol (3) bzw. in das Suchfeld, und geben Sie den Namen der gesuchten Person ein. Meist reichen schon wenige Buchstaben, und schon wird der gewünschte Kontakt eingeblendet.

Vermissen Sie einen Freund oder ein Familienmitglied in der Liste, von dem Sie aber wissen, dass er WhatsApp nutzt? Dann fehlt von der Person entweder nur die Mobilfunknummer in der Kontakte-App, oder Sie haben von ihr noch keinerlei Kontaktdaten gespeichert. Beides müssen Sie direkt in der Kontakte-App ergänzen. Bei einem Android-Gerät können Sie bequem über WhatsApp in die App wechseln, wie ab Schritt 1 auf dieser Seite gezeigt. Nutzen Sie ein iPhone, lässt sich aus WhatsApp heraus nur ein neuer Kontakt hinzufügen. Wenn Sie hier einen bereits vorhandenen Kontakt bearbeiten möchten, müssen Sie dies direkt in der Kontakte-App erledigen.

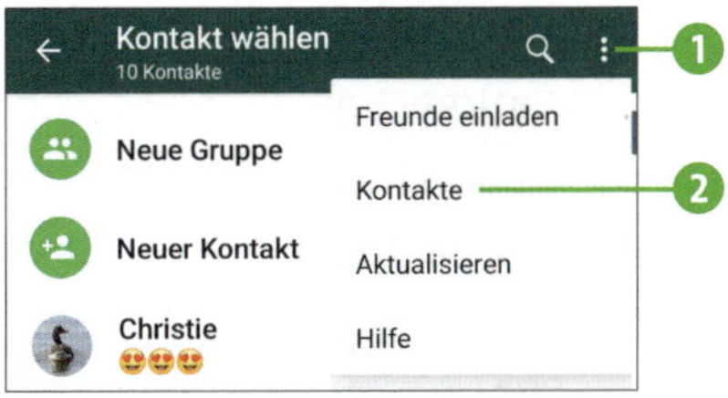

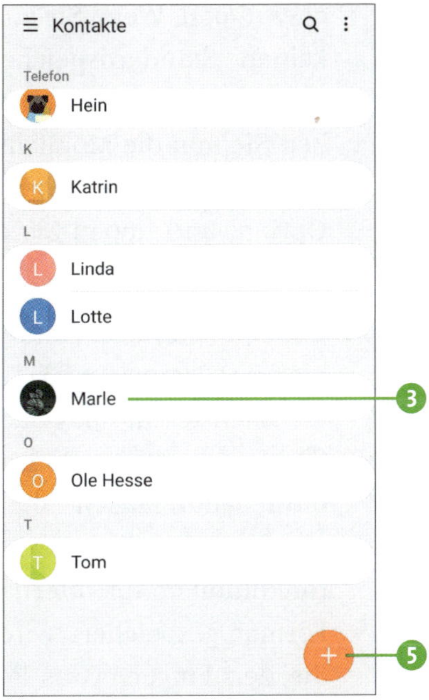

1. Blenden Sie die Kontaktliste in WhatsApp über das Register **Chats** mit einem Tipp auf (iPhone:) ein.

2. Auf einem Android-Gerät tippen Sie nun oben rechts auf ⋮ (1) und dann auf **Kontakte** (2). Damit wird die Kontakte-App angezeigt. iPhone-Nutzer können diesen und die nächsten Schritte leider nicht durchführen. Sie tippen bitte in der Kontaktliste in WhatsApp auf **Neuer Kontakt** und fahren dann mit Schritt 7 fort.

3. Wenn Sie bei einem bereits vorhandenen Kontakt nachträglich eine Mobilfunknummer ergänzen möchten, wählen Sie die gewünschte Person per Tipp auf den Namen aus (3).

4. Tippen Sie dann auf **Bearbeiten**. Ergänzen Sie die fehlende Mobilfunknummer (siehe hierzu auch Schritt 6), und übernehmen Sie die Änderungen mit **Speichern** (4).

5. Wenn Sie dagegen einen neuen Kontakt in der Kontakte-App hinzufügen möchten, tippen Sie auf das Plussymbol (5 auf Seite 21).

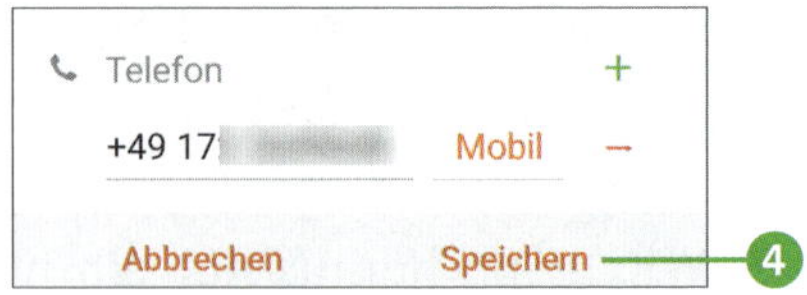

6. Kontakte können entweder im internen Speicher des Smartphones 6, auf der SIM-Karte 7 oder im Online-Speicher 8 gesichert werden. Bei einem Android-Smartphone handelt es sich dabei z. B. um die Cloud *Google Drive*, beim iPhone ist dies der Online-Speicher *iCloud*. Wenn Sie zuvor noch keinen Standardspeicherort für Ihre Kontakte gewählt haben, haben Sie nun die Möglichkeit hierzu. Markieren Sie die gewünschte Option, und tippen Sie dann auf **Auswählen**.

7. Geben Sie im Feld **Name** den Namen der Person ein 9. Tippen Sie als Nächstes in das Feld **Telefon** 10, werden auf der Bildschirmtastatur automatisch die Zahlen eingeblendet. Damit die Mobilfunknummer im internationalen Format gespeichert wird, halten Sie den Finger etwas länger auf der Ziffer **0** 11 gedrückt. Im Feld **Nummer** wird hierdurch das +-Zeichen ergänzt 12. Geben Sie nun die Länderkennung an. Für Deutschland ist dies »49«. Beim iPhone wurde die deutsche Länderkennung bereits ergänzt. Trifft sie bei Ihnen nicht zu, müssen

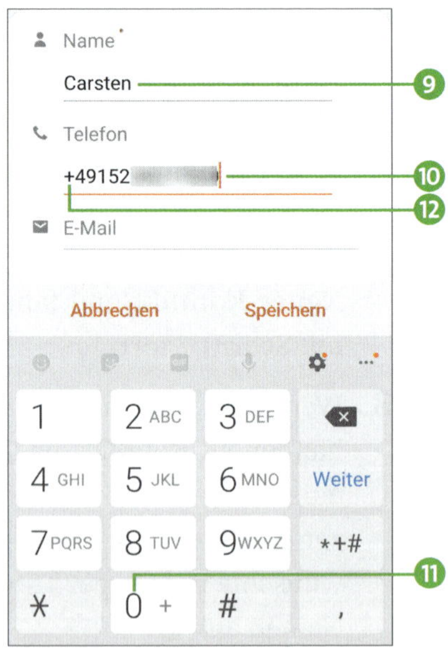

Sie die Ziffern über das Symbol ⌫ löschen und dann die für Sie gültige Kennung ergänzen.

8. Erst jetzt tragen Sie die eigentliche Telefonnummer ein, allerdings ohne die führende Null (0).
9. Mit einem Tipp auf **Speichern** (iPhone: **Sichern**) sichern Sie den neu hinzugefügten Kontakt. Durch zweimaliges Drücken der Zurück-Taste des Android-Smartphones bzw. durch Antippen von **Fertig** beim iPhone kehren Sie wieder zur Kontaktliste von WhatsApp zurück. Taucht der Kontakt hier noch nicht auf, haben Sie auf einem Android-Gerät die Möglichkeit, die Kontaktliste mit einem Tipp oben rechts auf das Symbol ⋮ und dann auf **Aktualisieren** auf den neuesten Stand zu bringen. Beim iPhone steht diese Funktion leider nicht zur Auswahl.

Nun steht dem Austausch von Nachrichten, Fotos und mehr mit Ihren Kontakten nichts mehr im Wege.

Freunde zu WhatsApp einladen

Einer Ihrer Kontakte nutzt noch kein WhatsApp, Sie würden ihn aber gerne auf die App aufmerksam machen? Dann schicken Sie ihm einfach eine Einladung. Tippen Sie hierzu im Register **Chats** auf das Symbol und in der Kontaktliste dann auf **Freunde einladen**. Markieren Sie eine der aufgeführten Apps, etwa **Nachrichten**, falls die Einladung per SMS erfolgen soll. Geben Sie die Mobilfunknummer der Person im entsprechenden Feld ein. Nun noch ein Tipp auf **Fertig** und dann auf , und die SMS wird verschickt. Über den in der Nachricht enthaltenen Link kann sich Ihr Freund nun Informationen zu WhatsApp ansehen und die App auch gleich installieren.

Der erste Chat: Text eingeben und senden

Sie möchten einem Familienmitglied nur mal schnell *Hallo* sagen und hören, wie es ihm geht? Oder würden Sie sich gerne mal wieder mit einer Freundin treffen? Mit WhatsApp ist eine entsprechende Nachricht schnell verschickt. Voraussetzung hierfür ist natürlich, dass der Empfänger der Nachricht ebenfalls WhatsApp auf seinem Smartphone installiert hat. Aber das wissen Sie ja bereits. Zum Verfassen der Nachricht gehen Sie folgendermaßen vor:

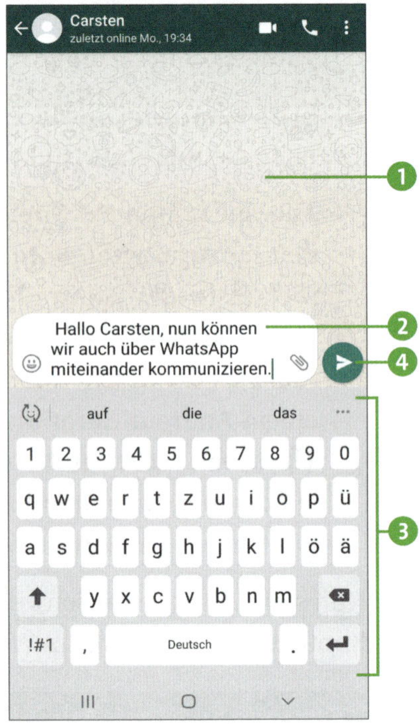

1. Stellen Sie sicher, dass sich das Register **Chats** im Vordergrund befindet. Tippen Sie dort auf das Symbol bzw. auf dem iPhone auf das Symbol.
2. Markieren Sie in der Kontaktliste die Person, der Sie eine Nachricht schicken möchten.
3. Wenn Sie bereits Nachrichten mit diesem Kontakt ausgetauscht haben, werden diese im oberen Bereich der folgenden Seite angezeigt. Ist dies nicht der Fall, ist der Bereich leer 1. Mit einem Tipp in das Textfeld 2 am unteren Bildschirmrand blenden Sie die Bildschirmtastatur 3 ein.
4. Tippen Sie nun den gewünschten Nachrichtentext ein. Mit einem Tipp auf das Symbol 4 schicken Sie die Nachricht ab.

Die Nachricht, die binnen Sekunden an den Empfänger versendet wird, erscheint jetzt in der oberen Bildschirmhälfte 5. Zusätzlich wird der Hinweis eingeblendet, dass die Nachrichten verschlüsselt wurden 6. Wenn Sie nicht gleich mit einer Antwort rechnen oder in der Zwischenzeit einem anderen Kontakt eine Nachricht schicken möchten, können Sie mit einem Tipp auf den Pfeil oben links 7 zur Chatübersicht zurückkehren. Dort erscheint die zuletzt versendete Nachricht zu Beginn der Übersicht. Im Abschnitt »Was tun, wenn eine Nachricht versehentlich verschickt wurde?« ab Seite 129 erfahren Sie, wie Sie eine gesendete Nachricht löschen können.

Einzelne Worte deutlich kennzeichnen

Sie möchten gerne ein Wort fett hervorheben, damit der Empfänger es auch ja nicht übersieht? Markieren Sie das Wort zunächst, indem Sie den Finger für zwei bis drei Sekunden darauf gedrückt halten. Sobald Sie den Finger vom Bildschirm heben, erscheint jeweils zu Beginn und am Ende des Wortes ein Marker. Wenn Sie noch mehr Text markieren möchten, verschieben Sie einfach die Marker, bis der gewünschte Text farbig hervorgehoben ist. Tippen Sie in der kleinen Symbolleiste oberhalb der Markierung auf ⋮ und dann auf die gewünschte Formatierung, also etwa **Fett**. Gegenfalls müssen Sie in der Liste etwas vertikal wischen, bis das Gewünschte angezeigt wird. Auf dem iPhone blenden Sie die Schaltflächen zum Formatieren des Textes nach Antippen von **Auswählen** über das Symbol **BIU** ein.

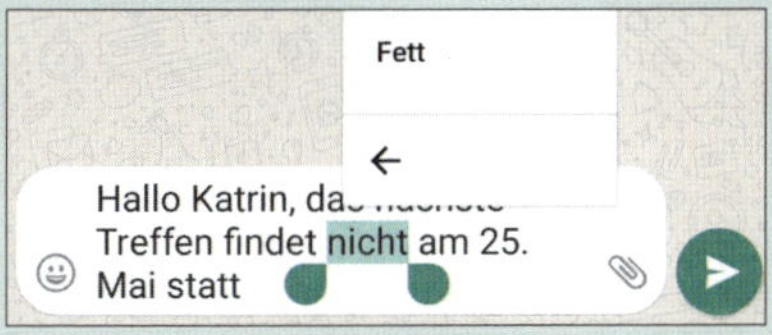

Tipps zur Nutzung der Bildschirmtastatur

Nicht jeder ist von Beginn an mit der Bildschirmtastatur vertraut. Hinzu kommt, dass die Darstellung der Bildschirmtastaturen bei jedem Smartphone-Typ etwas anders aussieht. Deshalb möchte ich Ihnen im Folgenden ein paar kleine Tipps zur Texteingabe geben.

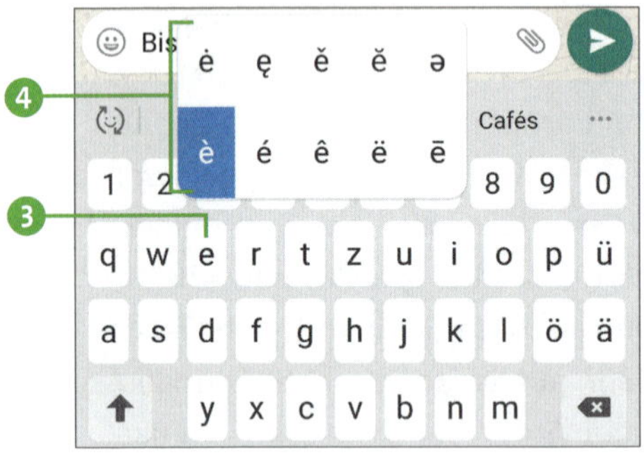

Den ersten Buchstaben fügt WhatsApp im Nachrichtentextfeld automatisch als Großbuchstaben ein, für den zweiten Buchstaben zeigt die Tastatur die Buchstaben als Kleinbuchstaben an. Mit einem Tipp auf das Symbol [⬆] ❶ für die Umschalttaste können Sie jeweils zwischen Groß- und Kleinschreibung wechseln. Halten Sie den Finger etwas länger auf der Umschalttaste gedrückt, werden alle weiteren Buchstaben, die Sie eingeben, großgeschrieben. Mit einem erneuten Tipp auf die Taste heben Sie die Großschreibung wieder auf. Wenn Sie Leerzeichen eingeben möchten, tippen Sie auf **Deutsch** ❷. Auf dem iPhone ist die Taste mit **Leerzeichen** beschriftet.

Für einen Buchstaben mit Akzent (z. B. à oder è) halten Sie den Finger etwas länger auf dem entsprechenden Buchstaben gedrückt (also auf **a** oder **e** ❸). Nach einem kurzen Moment erscheint ein kleiner Dialog mit weiteren Buchstaben ❹. Ziehen Sie den Finger auf das gewünschte Zeichen, und heben Sie ihn erst dann vom Bildschirm. Dies funktioniert nicht nur bei Vokalen, probieren Sie auch die anderen Buchstaben einmal aus. Um den Buchstaben »ß« zu tippen, halten Sie den Finger z. B. länger auf dem **s** gedrückt.

Sonderzeichen (z. B. Satzzeichen oder auch das @- bzw. €-Symbol) blenden Sie auf der Bildschirmtastatur mit einem Tipp auf !#1 5 ein. Bei manchen Smartphones ist die Schaltfläche auch mit **Sym** beschriftet. Ist das gewünschte Zeichen auf der folgenden Seite noch nicht dabei, gelangen Sie per Tipp auf 1/2 6 zu weiteren Sonderzeichen (iPhone: 123 sowie #+=). Über das Symbol 2/2 kehren Sie zur vorherigen Seite zurück, mit ABC 7 blenden Sie wieder die Buchstaben ein. Möchten Sie einen neuen Absatz erzeugen, reicht ein Tipp auf ↵ 8 (iPhone: Return). Wenn Sie sich einmal vertippt haben, löschen Sie das letzte Zeichen einfach mit einem Tipp auf das Symbol ⌫ 9.

Während Sie Text eingeben, werden Ihnen in der Leiste oberhalb der Tastatur Wortvorschläge angezeigt 10. Ist das Wort, das Sie tippen möchten, bereits dabei, reicht ein Tipp darauf, und es wird automatisch im Textfeld ergänzt.

Nachrichten diktieren

Wem das Tippen längerer Texte zu aufwendig ist, kann sie auch diktieren. Hierzu blenden Sie zunächst die Bildschirmtastatur per Tipp in das Textfeld ein. Suchen Sie auf der Tastatur nun nach einem Mikrofonsymbol 🎤 11 – das Symbol rechts vom Textfeld 🎤 12 ist nicht das richtige, denn mit ihm starten Sie eine Sprachaufnahme. Diese lernen Sie im Abschnitt »Sprachnachrichten aufzeichnen und verschicken« ab Seite 50 kennen. Nach einem Tipp auf das Mikrofonsymbol 🎤 auf der Tastatur wird der Dialog zur Spracheingabe eingeblendet. Diktieren Sie nun einfach Ihren Text. Er erscheint sofort im Textfeld. Wurde ein Wort falsch geschrieben, können Sie es mit einem Tipp auf das Symbol ⌫ löschen. Wenn Sie eine kurze Pause einlegen, wird die Spracheingabe deaktiviert. Zum erneuten Aktivieren reicht ein Tipp auf das Mikrofonsymbol. Möchten Sie den Spracheingabe-Dialog schließen, tippen Sie auf ☒.

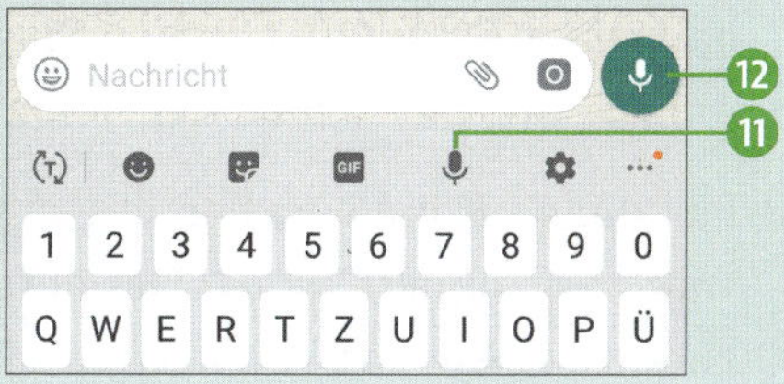

Emojis und Sticker versenden

Ob das lachende Gesicht 😀 oder auch der erhobene Daumen 👍: Wohl jeder kennt mittlerweile diese kleinen Bilder, auch *Emojis* genannt. Gerade aus dem Chatalltag sind sie kaum mehr wegzudenken, denn sie sehen nicht nur fröhlich aus, sondern können auch viel Tipparbeit sparen helfen. Wollen Sie sich z. B. abends mit Freunden zum Kegeln und anschließend auf ein Bier verabreden? Die Nachricht oben reicht sicherlich, und schon weiß jeder Bescheid, was Sie möchten.

Jede neue Version von WhatsApp bringt meist auch neue Emojis mit. Wer die kleinen Smileys bereits von anderen Anwendungen wie SMS oder E-Mail kennt, dem werden vielleicht kleine Unterschiede in der Darstellung auffallen. Auch auf dem iPhone sieht manch ein Smiley etwas anders aus als auf einem Android-Gerät. Das tut dem Spaßfaktor aber sicherlich keinen Abbruch. Um ein Emoji in einer Nachricht zu ergänzen, gehen Sie folgendermaßen vor:

1. Tippen Sie am linken Rand des Textfeldes auf das Symbol ☺ ❶. Beim iPhone finden Sie das Symbol auf der Bildschirmtastatur, die Sie mit einem Tipp in das Textfeld einblenden.
2. Die Emojis sind in verschiedenen Kategorien sortiert, wie etwa Smileys ❷, Tiere und Natur ❸, Essen und Trinken ❹ oder auch Hobby und Sport ❺. Mit einer horizontalen Wischbewegung wechseln Sie von einer Kategorie zur nächsten. Alternativ können Sie natürlich auch direkt die gewünschte Kategorie per Tipp auswählen. Innerhalb einer Kategorie wischen Sie einfach von oben nach unten und umgekehrt, um sich all die vielen Emojis anzusehen.
3. Für einige Emojis stehen sogar verschiedene Varianten zur Auswahl. So können Sie bei Gesichtern z. B. die Haut- und Haarfarbe ändern. Diese anpassbaren Emojis sind mit einem kleinen blauen Punkt oder auch einem kleinen Dreieck ❻ gekennzeichnet. Halten

Sie den Finger auf solch einem Emoji etwas länger gedrückt, werden die Varianten in einem kleinen Dialog eingeblendet. Bei älteren Geräten reicht manchmal auch ein kurzer Tipp auf das Emoji, um den Dialog einzublenden.

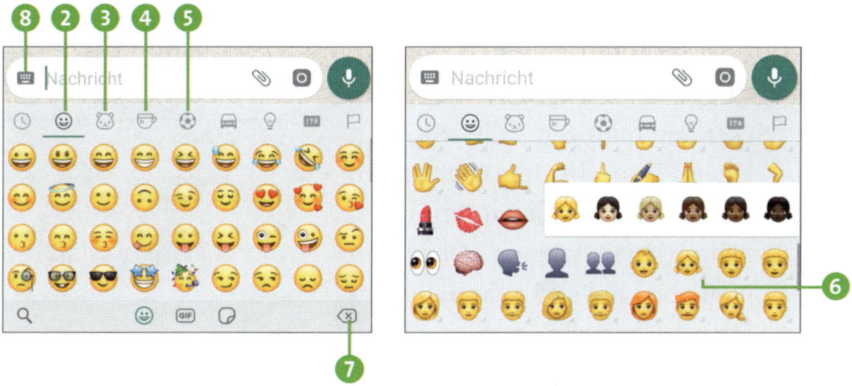

4. Gefällt Ihnen ein Emoji, fügen Sie es einfach per Tipp in Ihre Nachricht ein. Sollten Sie versehentlich das falsche ausgewählt haben oder sagt Ihnen die Darstellung in WhatsApp doch nicht zu, entfernen Sie das Emoji per Tipp auf das Symbol ⌫ 7.
5. Mit einem Tipp auf das Tastatursymbol links vom Textfeld 8 wird wieder die klassische Bildschirmtastatur angezeigt. Beim iPhone tippen Sie in der Symbolleiste unterhalb der Emojis auf ABC.

Statt Ihre Nachrichten mit Emojis aufzupeppen, können Sie auch kleine Sticker und animierte Bilder versenden. Bei den animierten Bildern handelt es sich um sich immer wiederholende Bildsequenzen, die im Dateiformat GIF (*Graphics Interchange Format*) gespeichert werden. Diese werden sofort verschickt, sobald Sie sie mit einem Fingertipp ausgewählt haben.

1. Um einen Blick auf die Sticker-Auswahl in WhatsApp zu werfen, tippen Sie auf einem Android-Gerät zunächst auf das Smiley-Symbol ☺ links vom Textfeld und dann am unteren Bildschirmrand auf das Symbol (1 auf Seite 30) Beim iPhone finden Sie dieses Symbol am rechten Rand des leeren Textfeldes.

2. Auch für die Sticker gibt es wieder verschiedene Kategorien, zwischen denen Sie mit einer horizontalen Wischbewegung wechseln können ❷.

3. Über das Plussymbol oben rechts ❸ gelangen Sie zu weiteren Sticker-Sammlungen, die Sie mit einem Tipp auf den nach unten weisenden Pfeil ❹ auf Ihr Smartphone laden können. Über den Pfeil oben links ❺ kehren Sie zur Sticker-Übersicht zurück. Beim iPhone reicht eine Wischbewegung auf dem Bildschirm von oben nach unten.

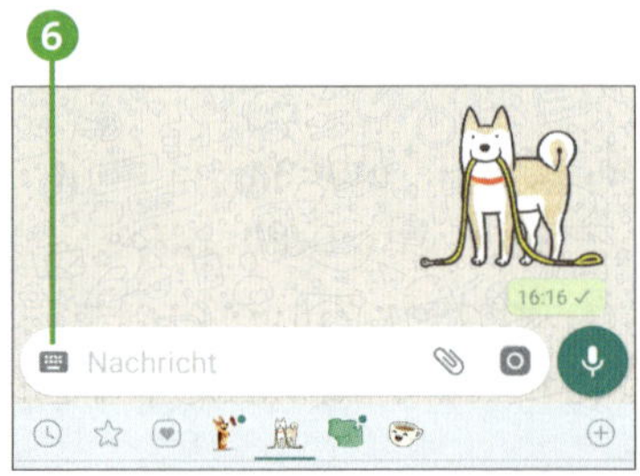

4. Gefällt Ihnen ein Sticker, reicht ein Tipp darauf, und schon wird er direkt an Ihren Kontakt verschickt.

Um wieder zur klassischen Bildschirmtastatur zu wechseln, tippen Sie im Textfeld auf das Tastatursymbol ❻. Rufen Sie das nächste Mal die Emoji-Sammlung per Tipp auf das Smiley auf, werden zunächst die Sticker angezeigt. Erst ein Tipp auf das Smiley ❼ zeigt wieder die Emojis.

Bei der Auswahl der animierten Bilder hängt die Vorgehensweise vom verwendeten Gerät ab.

1. Nutzen Sie ein Android-Smartphone, tippen Sie links vom Textfeld auf das Smiley 😀 und dann am unteren Bildschirmrand auf das Symbol **GIF** (❶ auf Seite 31).

2. Um in der GIF-Sammlung zu blättern, wischen Sie einfach von oben nach unten und umgekehrt. Gefällt Ihnen eine der Animationen, tippen Sie sie an.

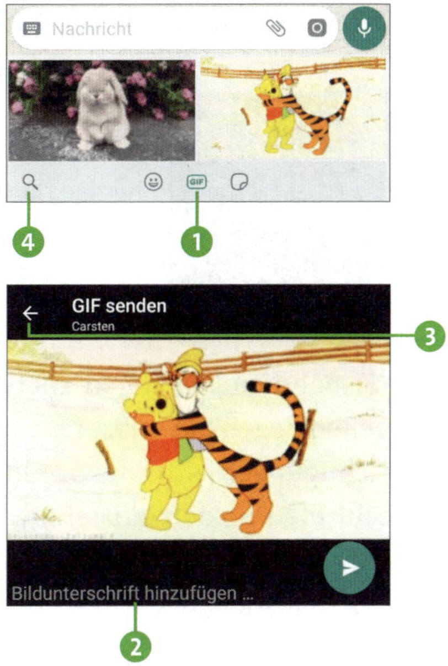

3. Auf der nächsten Seite wird das animierte Bild nochmals gezeigt. Nach einem Tipp auf **Bildunterschrift hinzufügen** 2 können Sie noch einen kleinen Text ergänzen, bevor Sie beides mit einem Tipp auf das Symbol verschicken. Falls Sie das Bild doch nicht senden möchten, tippen Sie entweder oben links auf den nach links weisenden Pfeil 3 oder nutzen die Zurück-Taste des Smartphones.

iPhone-Nutzer müssen zur Auswahl eines GIFs einen etwas anderen Weg gehen: Nach einem Tipp auf das Plussymbol links vom Textfeld markieren Sie **Foto und Videomediathek** und dann **GIF**. Wählen Sie das gewünschte animierte Bild aus, und versenden Sie es dann.

Emoji gesucht

In der riesigen Auswahl an Emojis stets das passende zu finden, ist gar nicht so einfach. Für Android-Smartphones bietet WhatsApp aber eine pfiffige Suchfunktion, die Sie schnell zum Ziel führt. Tippen Sie auf das Lupensymbol 4, und geben Sie dann einen Suchbegriff ein, etwa »Blume« oder auch einen Gefühlszustand wie »wütend«. Unterhalb des Textfeldes werden Ihnen nun die passenden Emojis angezeigt. Ein Tipp auf das gewünschte Emoji, und schon wird es für die Nachricht übernommen. Analog können Sie auch nach GIFs oder nach Stickern suchen.

Nachrichten empfangen

Ihr Smartphone gibt einen kurzen Klingelton von sich, und die LED-Leuchte blinkt? Das ist normalerweise das klassische Zeichen dafür, dass eine Nachricht für Sie eingegangen ist. Wenn auf Ihrem Gerät gerade der Sperrbildschirm aktiviert ist, finden Sie auch hier einen Hinweis auf die neue Nachricht 1.

Ausnahmen bestätigen allerdings die Regel. Welche Ausnahmen hier gelten, legen Sie selbst fest. Denn zum einen hängt die Art der Benachrichtigungen – also z. B. Klingelton und Hinweis auf dem Sperrbildschirm – von den Einstellungen ab, die Sie auf dem Smartphone selbst vorgenommen haben. Zum anderen können Sie aber auch in WhatsApp genau festlegen, wie Sie über neue Chats informiert werden möchten. Wie Sie die Einstellungen am Smartphone vornehmen, entnehmen Sie bitte dem Handbuch für Ihr Gerät. Details zu den WhatsApp-Einstellungen erhalten Sie in diesem Buch im Abschnitt »Benachrichtigungen individuell einstellen« ab Seite 104.

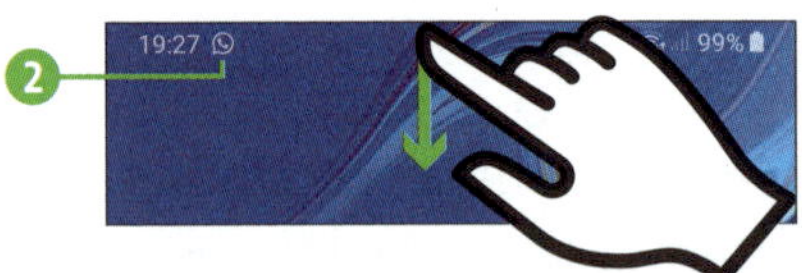

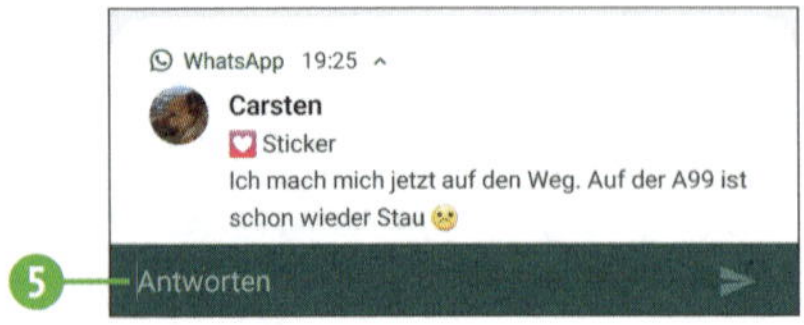

Um nun zu erfahren, wer Ihnen was geschickt hat, gibt es mehrere Möglichkeiten. Den ersten Anhaltspunkt liefert bei einem Android-Gerät bereits die Benachrichtigungsleiste am oberen Bildschirmrand 2. Ziehen Sie diese nach unten, wird sowohl der Absender als auch ein Teil der Nachricht angezeigt 3. Tippen Sie auf den kleinen Pfeil rechts von der Uhrzeit 4 und dann in das Feld **Antworten** 5, können Sie die Nachricht direkt beantworten und mit ➤ senden.

Auf eine bestimmte Nachricht antworten

Im Verlauf eines Chats mit einer Person spricht man häufig diverse Themen an: So geht es vom Urlaub flott über zu den Kindern, und schon ist man bei den Essensplänen für den nächsten Tag. Wenn Sie gezielt auf eine bereits zurückliegende Nachricht antworten möchten, blättern Sie zu dieser. Halten Sie den Finger dann etwas länger auf der Nachricht gedrückt. Tippen Sie in der oberen Symbolleiste (Android-Smartphone) bzw. im Dialogfeld (iPhone) auf das Symbol . Die zuvor ausgewählte Nachricht wird nun oberhalb des Textfeldes eingeblendet. Geben Sie Ihre Antwort ein, und verschicken Sie die Nachricht mit . Die Nachricht, auf die Sie Bezug nehmen, wird gemeinsam mit Ihrer Antwort im Chat angezeigt 1.

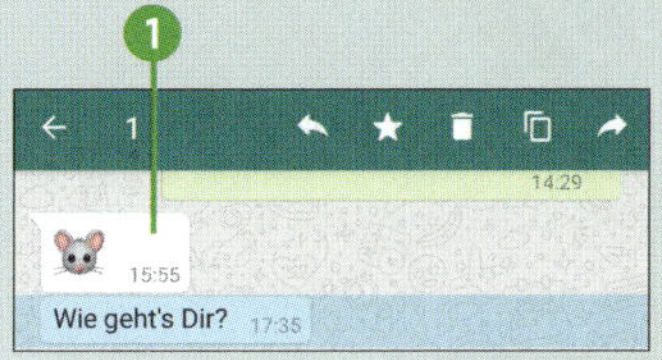

Natürlich können Sie WhatsApp auch über den klassischen Weg per Tipp auf das WhatsApp-Symbol auf dem Startbildschirm öffnen. Auf diesem wird übrigens bereits angezeigt, wie viele neue Nachrichten Sie gleich zu sehen bekommen.

Nach dem Öffnen der App befinden Sie sich automatisch im Register **Chats** bzw. im Falle eines iPhones auf der zuletzt besuchten Seite. Um hier zur Chatübersicht zurückzukehren, müssen Sie ggf. auf den Pfeil oben links oder auf den Registerreiter **Chats** unten tippen.

Die Ziffer rechts vom Registerreiter zeigt, wie viele Personen Ihnen neue Nachrichten geschickt haben 2. Die zuletzt eingegangenen bzw. von Ihnen verschickten Nachrichten werden gleich zu Beginn der Chatübersicht aufgeführt. Eine kleine Ziffer rechts von einem Chat zeigt die Anzahl der noch ungelesenen Nachrichten 3.

Um diese zu lesen, blenden Sie den Chat per Tipp auf den Namen Ihres Kontakts ein. Über das Textfeld können Sie gleich Ihre Antwort eingeben. Von Ihnen selbst gesendete Nachrichten werden übrigens grün gefärbt 4, die empfangenen Nachrichten sind weiß hinterlegt 5.

Wie Sie übrigens die Schriftgröße ändern, falls Ihnen die Texte zu klein sind, lesen Sie im Kasten »Schriftgröße in Chats verändern« auf Seite 123.

Nachrichten von unbekannten Mobilfunknummern

Einer Ihrer Freunde hat eine neue Mobilfunknummer, oder ein Bekannter, den Sie nicht in der Kontakte-App gespeichert haben, schickt Ihnen eine Nachricht? In diesem Fall erscheint in der Chatübersicht nicht der Personenname, sondern die Mobilfunknummer. Tippen Sie auf den Chat, weist WhatsApp Sie darauf hin, dass der Absender noch nicht in der Kontaktliste gespeichert wurde. Im Abschnitt »Was tun, wenn Sie einen Kontakt blockieren möchten?« ab Seite 133 erfahren Sie, wie Sie einen Ihnen unbekannten oder nicht seriös erscheinenden Absender sperren. Kennen Sie den Absender dagegen, können Sie ihn hier schnell **Zu Kontakten hinzufügen**. Auf der folgenden Seite wählen Sie entweder einen der vorhandenen Kontakte aus oder tippen auf **Neuer Kontakt**. Auf der nächsten Seite finden Sie im Feld **Telefon** bereits die Mobilfunknummer. Sie müssen ggf. nur noch den Namen angeben und dann mit **Speichern** bestätigen.

Interessante Informationen rund um Chats

Kaum hat man angefangen, über WhatsApp mit seinen Freunden und Familienmitgliedern zu kommunizieren, schon füllt sich die Chatübersicht meist in rasender Geschwindigkeit. Neben den Profilbildern Ihrer Kontakte finden Sie einige andere kleine Symbole und Informationen. Was es damit jeweils auf sich hat, zeige ich Ihnen in diesem Abschnitt. Sehen wir uns zunächst die Chatübersicht an.

Links von jedem Kontaktnamen ❶ erscheint ein kleines Profilbild ❷. Der Name entspricht dem Namen, den Sie selbst beim Hinzufügen der Person in der Kontakte-App angegeben haben. Es steht Ihnen frei, hier nur den Vornamen, Vor- und Zunamen oder auch einen Spitznamen anzugeben. Welches Profilbild angezeigt wird, liegt dagegen nicht in Ihren Händen. Denn dies bestimmt jeder WhatsApp-Nutzer individuell für sich selbst. Hat Ihr Kontakt noch kein Profilbild ausgewählt, erscheint ein stilisiertes Symbol ❸. Im Abschnitt »Profilbild und Info hinzufügen« ab Seite 91 erfahren Sie, wie Sie Ihr eigenes Profilbild anpassen können.

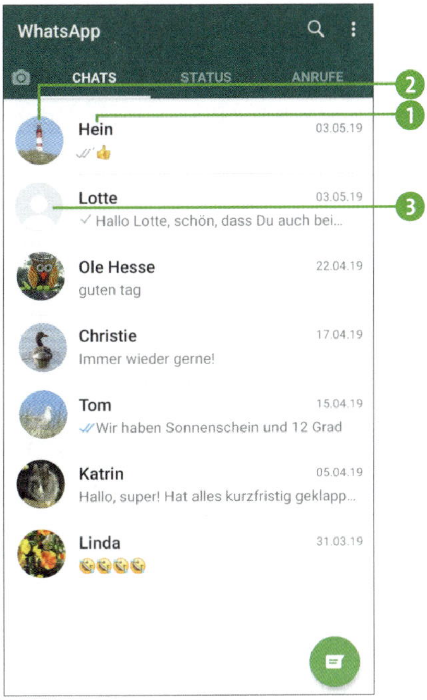

Rechts vom Kontaktnamen wird das Datum des letzten Nachrichtenaustauschs angezeigt. Wenn dieser am heutigen Tag stattfand, erscheint die Uhrzeit statt des Datums. Unterhalb des Kontaktnamens sehen Sie die erste Zeile der Nachricht. Wenn Sie diese Nachricht selbst verschickt haben, finden Sie links von der Zeile eine Lesebestätigung in Form eines einfachen oder doppelten Häkchens:

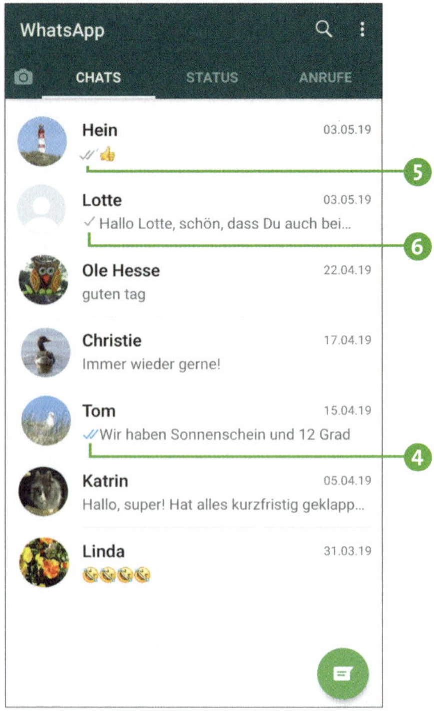

- Zwei blaue Häkchen ❹ bedeuten, dass die Nachricht erfolgreich gesendet und vom Empfänger auch bereits gelesen wurde.
- Sind die Häkchen grau ❺, wurde die Nachricht zwar verschickt, aber vom Empfänger noch nicht gelesen.
- Wird nur ein einzelnes graues Häkchen ❻ angezeigt, wurde die Nachricht verschickt, aber noch nicht auf das Smartphone des Empfängers übertragen. Dies ist dann der Fall, wenn das Smartphone Ihres Kontakts nicht mit dem Internet verbunden ist – sei es, weil das Smartphone z. B. ausgeschaltet ist oder der Kontakt die Verbindung zum Internet (WLAN oder mobile Daten) deaktiviert hat.
- Konnte die Nachricht bereits von Ihrem Smartphone aus nicht gesendet werden, weil z. B. im Falle einer mobilen Datenverbindung der Netzempfang zu schlecht ist, erscheint ein kleines Uhrsymbol.

Wenn Sie nicht nur wissen möchten, ob eine Nachricht gelesen wurde, sondern auch wann, öffnen Sie mit einem Tipp den Chat mit dem gewünschten Kontakt. Halten Sie hier den Finger etwas länger auf der Nachricht gedrückt ❶, die Sie selbst versendet haben. In der Symbolleiste am oberen Bildschirmrand tippen Sie nun auf das kleine ⓘ ❷. Unterhalb der Nachricht er-

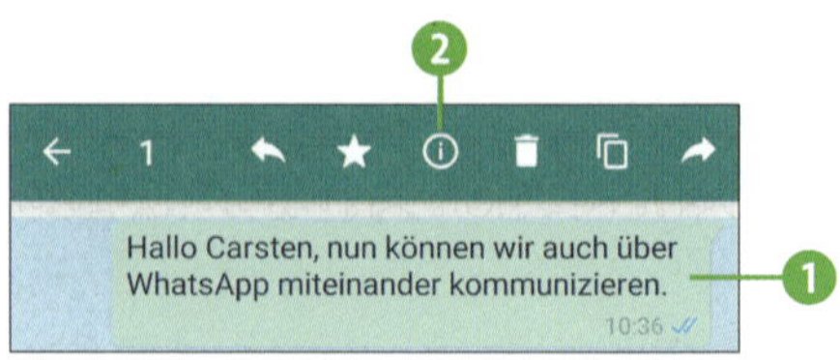

fahren Sie jetzt, wann sie zugestellt 3 und wann sie angesehen wurde 4. Mit einem Tipp auf den Pfeil oben links 5 kehren Sie zum Chat zurück. Unterhalb des Kontaktnamens wird übrigens der Zeitpunkt eingeblendet, zu dem der Kontakt das letzte Mal online war 6. Lesen Sie hierzu auch den folgenden Kasten »Wo sind die Lesebestätigungen hin?«.

Wo sind die Lesebestätigungen hin?

Informationen wie Online-Angabe und Lesebestätigung stehen natürlich nicht nur Ihnen zur Verfügung, sondern auch Ihren Kontakten. Sprich, auch Ihre Kontakte können jederzeit prüfen, wann Sie deren Nachrichten gelesen haben und wann Sie das letzte Mal online waren. Im Abschnitt »Datenschutzeinstellungen anpassen« ab Seite 100 erfahren Sie, wie Sie verhindern, dass derartige Informationen bei den Empfängern Ihrer Nachrichten ankommen. Sobald Sie die eigenen Lesebestätigungen deaktiviert haben, erhalten Sie allerdings auch keine Informationen mehr zu Ihren Kontakten.

KAPITEL 3

Fotos, Videos, Audio- und andere Dateien senden

WhatsApp ist eine der beliebtesten und mit am häufigsten genutzten Apps. Dies liegt sicherlich auch daran, dass man auf so einfache und vor allem schnelle Weise Bilder, Videos oder auch Sprachnachrichten an seine Kontakte schicken kann. Selbst der aktuelle Standort lässt sich an Freunde und Familienmitglieder weiterleiten. Wie all dies funktioniert, erfahren Sie in diesem Kapitel.

Bereits vorhandene Fotos und Videos versenden

Wohl jedes Smartphone verfügt mittlerweile über eine integrierte Kamera. Die Qualität der Fotos, die man mit ihr aufnimmt, ist meist hervorragend. Es ist also kein Wunder, dass viele Menschen hauptsächlich ihr Smartphone zum Fotografieren und sogar Filmen nutzen. Wer besonders gelungene oder auch lustige Aufnahmen gleich an Freunde und Familienmitglieder schicken möchte, kann hierfür wunderbar WhatsApp nutzen. Um bereits aufgenommene Fotos oder Videos über WhatsApp zu verschicken, gehen Sie folgendermaßen vor:

1. Tippen Sie im Register **Chats** auf das Symbol bzw. beim iPhone auf , und markieren Sie in der Kontaktliste den gewünschten Empfänger. Wenn Sie mit dem Kontakt bereits Nachrichten ausgetauscht haben, können Sie den entsprechenden Chat 1 auch direkt im Register **Chats** auswählen.

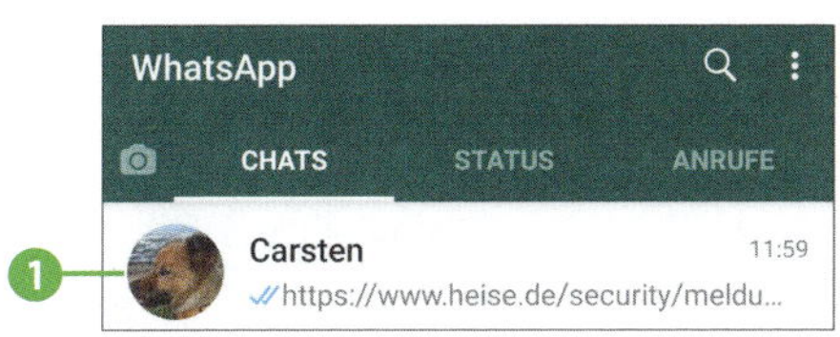

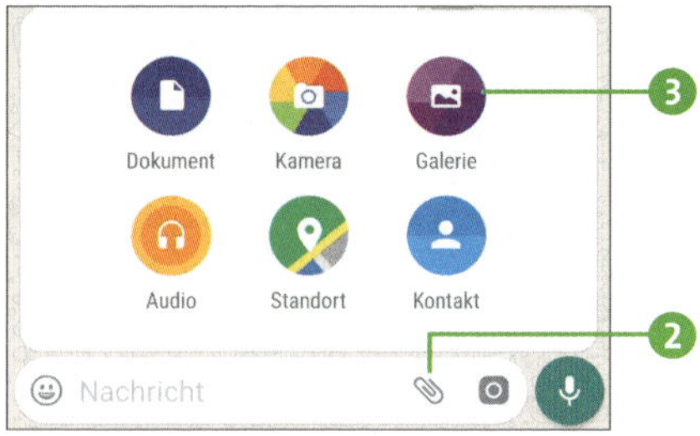

2. Am rechten Rand des Textfeldes tippen Sie nun auf das Büroklammersymbol ❷ und im aufklappenden Dialog auf **Galerie** ❸. Beim iPhone wählen Sie nach einem Tipp auf das Plussymbol links vom Textfeld die **Foto- und Videomediathek** aus.

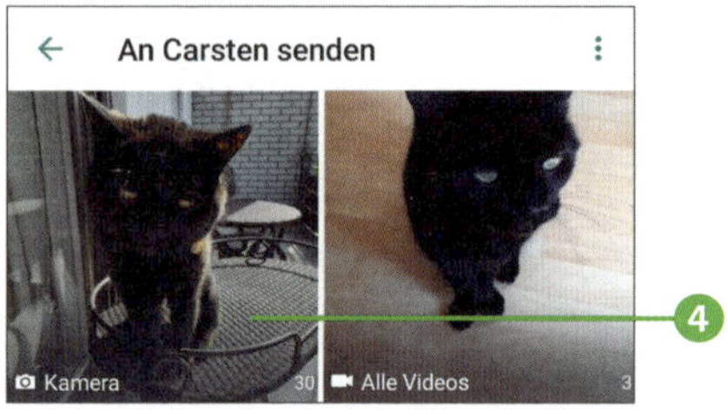

3. Wechseln Sie mit einem Tipp in die Kategorie, in der sich das zu versendende Bild oder Video befindet ❹.

4. Mit einer Wischbewegung von oben nach unten und umgekehrt blättern Sie in Ihrer Foto- bzw. Videosammlung. Wenn Sie nicht nur eine Aufnahme aus der gewählten Kategorie verschicken möchten, tippen Sie oben rechts auf das Häkchensymbol ❺. Markieren Sie dann die gewünschten Dateien per Tipp. Mit einem Tipp auf **OK** übernehmen Sie die Auswahl.

   Beim iPhone tippen Sie nach Auswahl eines Bildes zunächst erneut auf das nun umrandete Plussymbol links ⊞. Damit gelangen Sie wieder zu Ihrer Foto- und Videosammlung. Das soeben ausgewählte Bild ist nun mit einem Häkchen versehen. Somit können Sie weitere Bilder für den Versand durch Antippen auswählen (diese erhalten ebenfalls ein Häkchen) oder durch erneutes Antippen wieder abwählen. Tippen Sie schließlich oben auf **Fertig**.

5. Auf der nächsten Seite können Sie nach einem Tipp auf das Plussymbol 6 weitere Fotos und Videos auswählen.

6. Im Feld **Bildunterschrift hinzufügen** 7 lässt sich eine Mitteilung für den Empfänger ergänzen. Haben Sie mehrere Fotos hinzugefügt, markieren Sie einfach das jeweilige Bild am unteren Bildschirmrand 8 und ergänzen dann die Unterschrift. Wenn Sie möchten, können Sie die Fotos und Videos vor dem Versenden mithilfe der Bildbearbeitungsfunktionen oberhalb des Bildes noch zuschneiden oder auch mit Effekten versehen 9. Wie dies funktioniert, erfahren Sie im Abschnitt »Bildmaterial vor dem Versand bearbeiten« ab Seite 45.

7. Falls Sie ein Bild doch nicht verschicken möchten, markieren Sie es unten 8 und tippen dann in der Symbolleiste oben auf das Papierkorbsymbol 10. Es wird Ihnen nur dann angeboten, wenn Sie zuvor mehrere Dateien ausgewählt haben. Bei nur einem Bild brechen Sie das Senden mit einem Tipp auf den Pfeil oben links ab 11. Beim iPhone nutzen Sie hierfür das Kreuzsymbol oben links.

8. Wenn Sie mit der Bildauswahl zufrieden sind, verschicken Sie sie mit einem Tipp auf 12.

Die Dateien, die Sie versenden, dürfen übrigens maximal 100 MB groß sein. Überschreitet eine Datei diesen Wert, erhalten Sie von WhatsApp einen entsprechenden Hinweis.

Ist Ihr Kontakt gerade in WhatsApp online, kommt er bereits Sekunden später in den Genuss Ihrer Bilder und Videos. Wenn Sie mehrere Fotos bzw. Videos versendet haben, werden diese im Chat zunächst einzeln angezeigt. Wird der Chat verlassen und später wieder geöffnet, werden die einzelnen Bilder zusammengefasst angezeigt. Im Abschnitt » Empfangene Multimediadateien öffnen und ansehen« ab Seite 52 erfahren Sie, wie Sie selbst empfangene Dateien in WhatsApp ansehen und speichern.

Dateien aus anderen Apps heraus versenden

Sie sehen sich Ihre Fotos und Videos gerade in der Galerie- bzw. Fotos-App an und entdecken dabei ein paar Dateien, die Sie gerne an einen WhatsApp-Kontakt senden möchten? Dies können Sie ganz bequem aus der Galerie-App heraus erledigen. Markieren Sie einfach die gewünschten Dateien. Tippen Sie dann auf das Symbol **Senden** (iPhone:). Im folgenden Dialog werden die Kontakte, mit denen Sie häufig kommunizieren, bereits aufgeführt, sodass ein Tipp auf das gewünschte Profilbild reicht. Finden Sie den Kontakt hier nicht, tippen Sie auf **WhatsApp**, markieren die Person in der Kontaktliste und bestätigen mit einem Tipp auf (iPhone: **Weiter**). Von jetzt an geht es weiter wie ab Schritt 6 auf Seite 41 gezeigt. Die Funktion **Senden** (manchmal auch *Teilen* genannt) finden Sie übrigens in vielen Apps. Ein weiteres Beispiel hierfür lernen Sie im Kasten »Links an Freunde verschicken« auf Seite 58 kennen.

Kameraaufnahmen verschicken

Statt ein bereits aufgenommenes Bild oder Video an Ihre Kontakte zu schicken, können Sie auch direkt aus WhatsApp heraus fotografieren bzw. filmen. Bei diesem Vorgehen sollten Sie allerdings berücksichtigen, dass die App die Multimediadateien vor dem Versenden stark komprimiert, um möglichst geringe Datenmengen über das Internet senden zu müssen. Diese Komprimierung geht allerdings auf Kosten der Bildqualität. Wenn es sich bei den Fotos und Videos um Aufnahmen mit einem ganz besonderen Wert für Sie handelt, die Sie später eventuell sogar in einem Fotobuch weiterverarbeiten möchten, empfehle ich Ihnen daher, die Bilder lieber ganz klassisch mit der Kamera des Smartphones aufzunehmen und zum Versenden wie im vorherigen Abschnitt gezeigt vorzugehen.

Wenn Sie aus WhatsApp heraus einen Schnappschuss oder ein Selfie aufnehmen und gleich verschicken möchten, gehen Sie so vor:

1. Wählen Sie im Register **Chats** einen Chat mit einem Ihrer Kontakte aus. Alternativ können Sie den Kontakt auch in der Kontaktliste markieren, die Sie über das Symbol bzw. einblenden.
2. Mit einem Tipp auf das Kamerasymbol 1 rechts im Textfeld öffnen Sie die Kamera.
3. Richten Sie die Kamera nun auf das gewünschte Motiv aus. Über das Symbol 2 können Sie zwischen der Front- und Hauptkamera des Smartphones wechseln. Um ein Foto aufzunehmen, reicht ein Tipp auf das Kreissymbol 3. Um zu filmen, halten Sie das Symbol während der Aufnahme gedrückt.

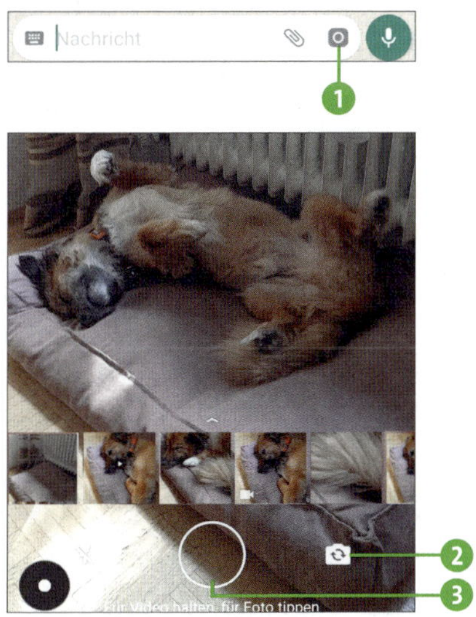

4. Wenn Sie noch weitere Fotos oder Videos aufnehmen möchten, tippen Sie auf der folgenden Seite auf das Symbol ④ und wiederholen einfach Schritt 3. Ergänzen Sie anschließend ggf. noch eine Bildunterschrift ⑤.

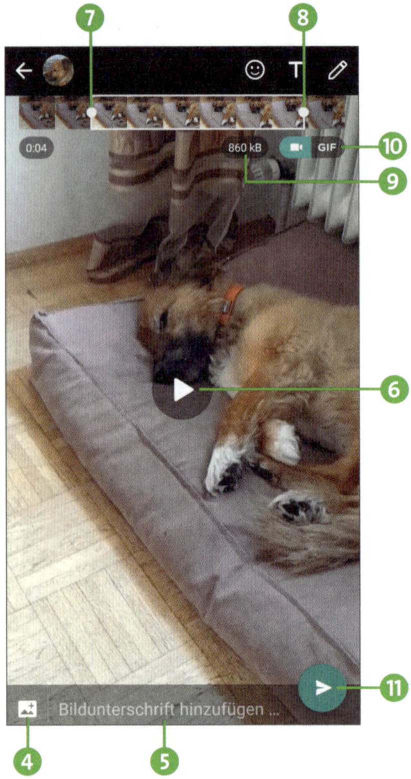

5. Haben Sie ein Video aufgezeichnet, sollten Sie es sich mit einem Tipp auf das Wiedergabesymbol ⑥ vor dem Senden ansehen. Am oberen Bildschirmrand werden die Bildsequenzen des Films angezeigt. Wenn Ihnen der Anfang oder das Ende nicht gefällt, ziehen Sie einfach den entsprechenden Rahmen links ⑦ bzw. rechts ⑧ mit dem Finger nach rechts bzw. links. Nur der weiß eingerahmte Bereich wird an Ihren Kontakt verschickt.

6. Unterhalb des Rahmens wird die Größe der Videodatei angezeigt ⑨. Ist sie kleiner als 1,5 MB, lässt sich die Datei auch im GIF-Format versenden. Bei diesem Format wird die Datei stark komprimiert, was vor allem beim Versenden über ein mobiles Datennetz von Vorteil ist. Der Nachteil: Sie müssen beim Video auf den Ton verzichten. Ist Ihnen das Datenvolumen wichtiger als der Ton, tippen Sie auf **GIF** ⑩, um das Video in diesem Format zu verschicken.

7. Wenn Sie mit dem Foto oder Video zufrieden sind, verschicken Sie es mit einem Tipp auf ➤ ⑪.

Der Empfänger kann sich das Bildmaterial sofort in WhatsApp ansehen. Dies gilt nur dann nicht, wenn er das automatische Herunterladen von Medien unterbunden hat, um z. B. das Datenvolumen bei einer mobilen Datenverbindung zu schonen. Was es im Detail mit dieser WhatsApp-Einstellung auf sich hat und wie auch Sie selbst sie nutzen können, erfahren Sie im Abschnitt »Datenvolumen im Blick behalten« ab Seite 110.

Bildmaterial vor dem Versand bearbeiten

WhatsApp bringt ein paar nette und durchaus nützliche Funktionen mit, mit denen Sie ein Bild oder auch ein Video vor dem Versenden aufpeppen können. So können Sie z. B. den Bildausschnitt verändern oder Smileys, Hinweispfeile oder einen Text hinzufügen. Die Funktionen zur Bildbearbeitung erscheinen, sobald Sie in einem Chat ein bereits vorhandenes Bild ausgewählt oder mit der Kamera direkt aus WhatsApp heraus fotografiert haben, wie in den beiden vorherigen Abschnitten gezeigt. Die Bearbeitung des Bildmaterials nehmen Sie dann jeweils vor dem Versenden der Nachricht vor, also bevor Sie auf das Symbol tippen. Sehen wir uns die Bildbearbeitungsfunktionen im Detail an.

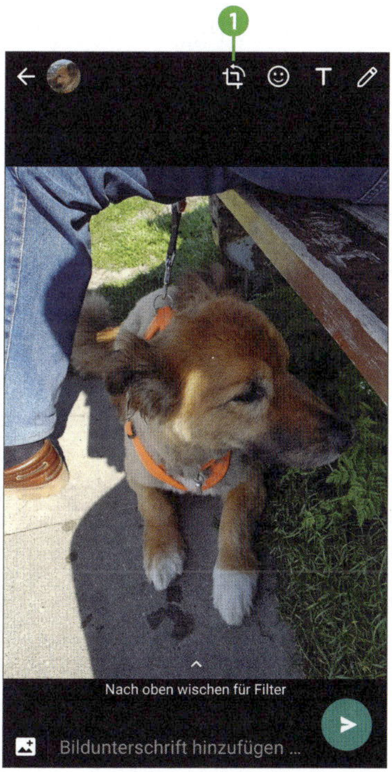

Eine der häufigsten Aktionen, die vor dem Versenden ansteht, ist das Zuschneiden eines Fotos. Sollte Ihnen der Bildausschnitt nicht gefallen, gehen Sie folgendermaßen vor:

1. Tippen Sie in der Symbolleiste oberhalb des Fotos auf das Symbol 1.

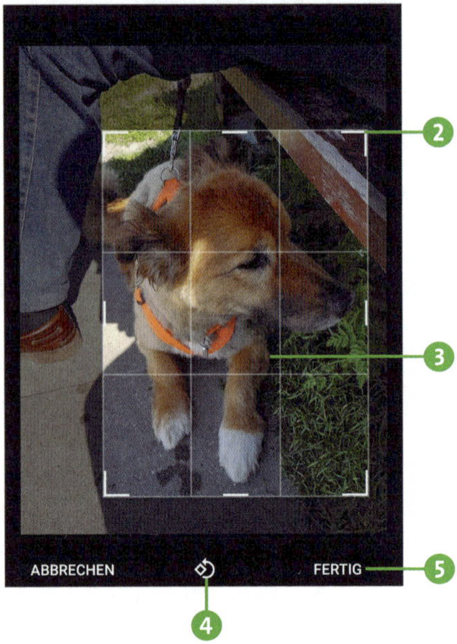

2. Das Bild wird nun mit einem Rahmen ❷ sowie einem Raster ❸ versehen. Die vier Seitenlinien und Eckpunkte des Rahmens lassen sich jeweils mit dem Finger verschieben. Positionieren Sie den Finger auf dem Raster, und ziehen Sie den Rahmen auf den Bildbereich, den Sie verschicken möchten.

3. Haben Sie während des Fotografierens die Kamera gekippt, wird das Foto eventuell auf dem Kopf stehend angezeigt. Mit einem Tipp auf das Symbol ❹ lässt sich das Bild jeweils um 90 Grad drehen. Wenn Sie ein iPhone nutzen, können Sie das Foto nach einem Tipp auf das Symbol sogar frei drehen. Hier finden Sie auch das Symbol , über das Sie ein Seitenverhältnis für den gewünschten Bildausschnitt einstellen können.

4. Sind Sie mit dem Bildausschnitt zufrieden, bestätigen Sie Ihre Änderung mit **Fertig** ❺. Wenn Sie doch das Original beibehalten möchten, kehren Sie mit einem Tipp auf **Abbrechen** zur vorherigen Seite zurück.

Vielleicht haben Sie auch schon einmal ein Foto erhalten, das mit einem Herz oder einem Smiley versehen war. Mit WhatsApp sind solche Emojis schnell in das Bild eingefügt. Interessant sind hier vor allem der Pfeil, das Rechteck oder auch der Kreis, mit deren Hilfe Sie in Ihrem Bild auf einen bestimmten Punkt hinweisen können, den der Betrachter sonst vielleicht übersehen würde. Am Beispiel einer Sprechblase, die sich anschließend auch noch mit einem Text versehen lässt, möchte ich Ihnen zeigen, wie Sie Ihr Bild mit einem Emoji aufpeppen. Die

Funktionen stehen Ihnen sowohl bei einem gerade aufgenommenen als auch bei einem bereits vorhandenen Foto zur Verfügung.

1. Mit einem Tipp auf das Smiley-Symbol 1 blenden Sie alle Emojis ein, die sich im Bild einfügen lassen. Wischen Sie von unten nach oben und umgekehrt, um sich das Angebot anzusehen. Als Beispiel wähle ich die Sprechblase 2 gleich zu Beginn der Auflistung. Ein Tipp hierauf, und sie erscheint auf dem Foto.

   Meist ist das eingefügte Emoji viel zu groß und befindet sich auch noch nicht an der gewünschten Stelle. Doch das lässt sich schnell ändern.

2. Um das Emoji, im Beispiel also die Sprechblase, zu verschieben, ziehen Sie es mit dem Finger einfach auf die gewünschte Position.

3. Die Größe lässt sich bequem verändern, indem Sie zum Verkleinern entweder zwei Finger auf der Sprechblase zusammenziehen oder zum Vergrößern auseinanderziehen. Um ein Emoji zu drehen, zeichnen Sie einfach mit beiden Fingern einen Kreis auf dem Bildschirm.

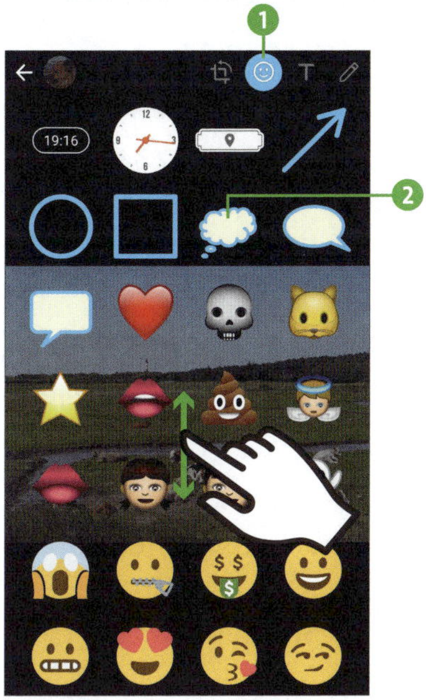

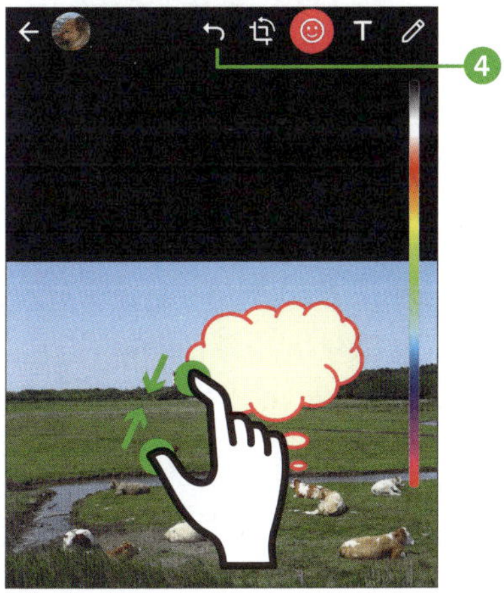

4. Bei einigen Emojis lässt sich die Farbe anpassen. Die Sprechblase zählt hierzu. In einem solchen Fall wird am Bildschirmrand eine Farbskala (3 auf Seite 47) eingeblendet. Sie können nun entweder mit dem Finger den Balken entlangfahren und beobachten, wie sich die Farbe des Emojis verändert. Alternativ tippen Sie den gewünschten Farbton direkt an.

5. Über das Pfeilsymbol ↩ (4 auf Seite 47) können Sie die zuletzt vorgenommenen Korrekturen übrigens jederzeit rückgängig machen.

Die Sprechblase bietet sich wunderbar an, um hier auch noch einen kleinen Text zu ergänzen. Dieser wird zunächst an einer beliebigen Stelle im Foto eingefügt und dann in die Sprechblase verschoben. Um ein Bild mit Text zu versehen, gehen Sie folgendermaßen vor:

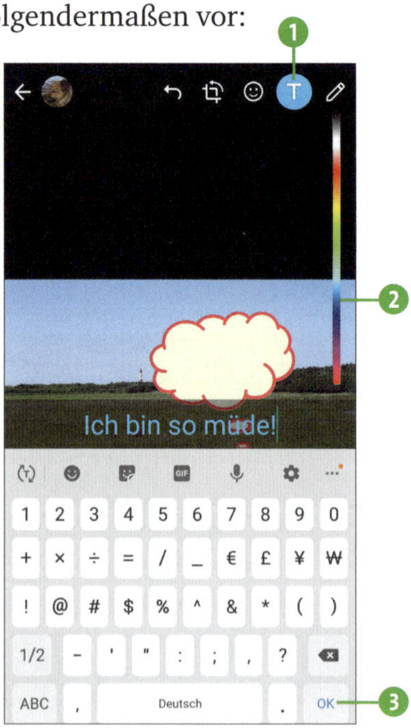

1. Tippen Sie auf das Symbol T 1. Es wird nun die Bildschirmtastatur eingeblendet, über die Sie den gewünschten Text eingeben. Damit er gut auf dem Foto lesbar ist, sollte er nicht zu lang sein.

2. Über den Balken der Farbskala stellen Sie den gewünschten Farbton für den Text ein 2.

3. Mit einem Tipp auf **OK** 3 bzw. beim iPhone auf den Pfeil oben links übernehmen Sie den Text auf dem Bild.

   Der Text ist sicherlich noch viel zu groß und befindet sich auch noch nicht an der gewünschten Position, in unserem Beispiel also innerhalb der Sprechblase. Doch das ist schnell korrigiert:

4. Um den eingefügten Text zu verkleinern, positionieren Sie Ihren Daumen und Zeigefinger rechts und links vom Text und ziehen diese dann zusammen. Anschließend verschieben Sie den Text an die gewünschte Position 4.

5. Sollte in unserem Beispiel die Sprechblase noch nicht die passende Größe haben, tippen Sie sie einfach an 5. In der Symbolleiste oben wird nun das Emoji-Symbol ☺ farbig hervorgehoben. Nun können Sie Größe, Position und Farbe der Sprechblase anpassen.

6. Um Korrekturen am Text vorzunehmen, tippen Sie diesen an. Sollte die Bildschirmtastatur aufklappen, bestätigen Sie hier wieder mit **OK**. Nun können Sie den Text verschieben und positionieren.

Wer gut im Freihandzeichnen ist, kann ein Foto auch selbst bemalen. Hierzu tippen Sie einfach auf das Stiftsymbol ✎ 1, wählen in der Farbskala den gewünschten Farbton aus 2 und zeichnen dann mit dem Finger im Bild 3. Gelingt Ihnen Ihr Kunstwerk nicht gleich auf Anhieb, können Sie jeden Strich mit einem Tipp auf das Symbol ↶ 4 rückgängig machen.

Wenn Ihnen das bearbeitete Foto gefällt, verschicken Sie es mit einem Tipp auf ➤ an Ihren Kontakt. Sollten Sie das Bild doch nicht weiterreichen wollen, kehren Sie auf einem Android-Smartphone mit einem Tipp auf den Pfeil oben links 5 zum

Chat mit dem Kontakt zurück. Beim iPhone tippen Sie auf das Kreuzsymbol oben links und im nächsten Dialog auf **Verwerfen** bzw. **Abbrechen**, um vom Kamerabereich bzw. von der Fotos-App wieder zum Chat zurückzukehren. Die Emoji-, Text- und Stiftfunktionen stehen Ihnen übrigens auch für Videos zur Verfügung, falls Sie diese etwas aufpeppen möchten.

Von Schwarzweiß- bis Filmeffekt: Fotos mit Filter versehen

Manche Fotos erhalten erst mit einem bestimmten Effekt das richtige Flair. Sollten Sie zuvor einen Text eingefügt oder selbst gezeichnet haben, müssen Sie zunächst oben auf das entsprechend farbig hervorgehobene Symbol tippen, bevor Sie einen der Filter ausprobieren können. In der Abbildung auf Seite 49 ist dies z.B. das gelbe Stiftsymbol. Wird unterhalb des Fotos der Schriftzug **(Nach oben wischen für) Filter** eingeblendet, wischen Sie mit dem Finger von unten nach oben. Sobald Sie einen der angebotenen Filter per Tipp ausgewählt haben, können Sie das Ergebnis im Foto begutachten. Gefällt Ihnen der Effekt nicht, probieren Sie entweder einen neuen aus oder tippen auf **Ohne**, um wieder das Originalbild zu erhalten. Mit einem Tipp auf den Pfeil oben links kehren Sie zur vorherigen Seite zurück.

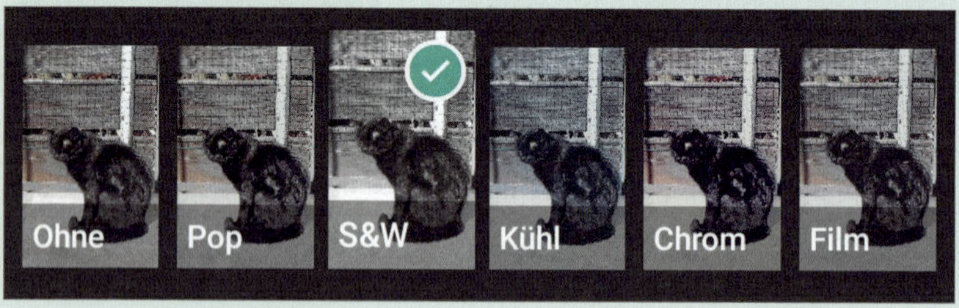

Sprachnachrichten aufzeichnen und verschicken

Wer nicht gerne lange Texte schreibt, hat in WhatsApp die Möglichkeit, eine Sprachnachricht aufzuzeichnen und diese dann an den gewünschten Kontakt zu schicken. Nachdem Sie einen Chat mit dem gewünschten Empfänger geöffnet oder diesen in der Kontaktliste ausgewählt haben, gehen Sie folgendermaßen vor:

1. Tippen Sie auf das Mikrofonsymbol , das rechts vom Textfeld eingeblendet wird. Halten Sie dieses gedrückt, während Sie nun Ihre Nachricht sprechen.

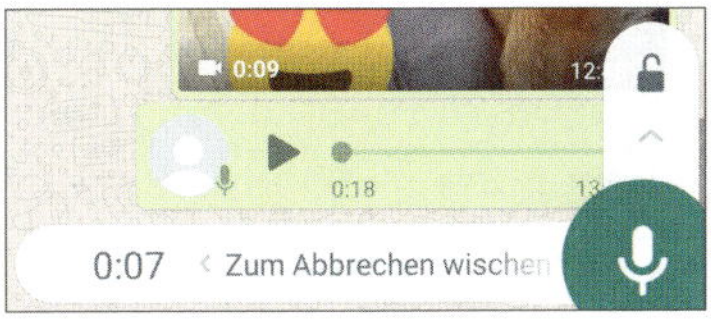

2. Sobald Sie den Finger vom Bildschirm heben, wird die Nachricht auch schon verschickt.
3. Wenn Sie den Text doch nicht senden möchten, heben Sie den Finger nicht vom Bildschirm, sondern wischen nach links. Sobald ein kleines rotes Mikrofonsymbol  eingeblendet wird, können Sie den Finger vom Bildschirm entfernen.

Ein kleiner Tipp: Wenn Sie eine längere Mitteilung für den Empfänger haben, ist das Halten des Mikrofonsymbols recht unbequem. Sie können es sich leichter machen, indem Sie das Mikrofonsymbol einfach nach oben ziehen. Während des Ziehens sehen Sie ein kleines Schlosssymbol. Färbt es sich grün bzw. beim iPhone blau, können Sie den Finger vom Bildschirm heben und nun ganz gemütlich Ihre Nachricht sprechen.

Wenn Sie damit fertig sind, haben Sie die Möglichkeit, die Sprachnachricht entweder mit einem Tipp auf das Symbol  zu senden oder über **Abbrechen** zu löschen.

Die gesendete Sprachnachricht wird auf Ihrem Smartphone in dem Moment mit zwei blauen Häkchen als gelesen markiert, in dem sie erfolgreich auf das Gerät des Empfängers übertragen wurde. Dies bedeutet aber noch nicht, dass Ihr Kontakt sich Ihre Nachricht auch schon angehört hat. Wie das Abspielen einer Sprachnachricht funktioniert, erfahren Sie im nächsten Abschnitt.

Musikdateien und Dokumente senden

Nutzen Sie ein Android-Smartphone, können Sie mit WhatsApp auch Audiodateien oder Dokumente wie z. B. PDF-Dateien verschicken. Tippen Sie hierzu im Textfeld auf das Büroklammersymbol . Im folgenden Dialog markieren Sie den gewünschten Dateityp, also **Audio** oder **Dokument**. WhatsApp zeigt nun direkt den Ordner mit den entsprechenden Dateien im ausgewählten Format an. Wenn Sie Ihre Dateien in der Cloud Google Drive gespeichert haben, tippen Sie auf **Andere Dokumente durchsuchen**. Nach einem Tipp auf das Menüsymbol mit den drei Punkten wählen Sie **Google Drive**. Markieren Sie die gewünschte Datei, und bestätigen Sie mit **Senden**. Auf dem iPhone können Sie nach einem Tipp auf das Plussymbol ebenfalls ein **Dokument** versenden, für Audiodateien steht die Funktion leider nicht zur Verfügung.

Empfangene Multimediadateien öffnen und ansehen

Wenn Sie eine neue Text- oder Sprachnachricht erhalten, können Sie diese sofort im Chat ansehen bzw. anhören. Bei Fotos, Videos, Dokumenten und Audiodateien – also Dateien, die etwas größer sind – ist dies nicht unbedingt der Fall. Denn hier hängt es davon ab, welche Einstellung Sie in WhatsApp für das Herunterladen von Dateien gewählt haben. Welche Einstellungsmöglichkeiten Sie haben, erfahren Sie im Abschnitt »Datenvolumen im Blick behalten« ab Seite 110. Die Standardeinstellung sieht vor, dass bei einer WLAN-Verbindung alle Medien heruntergeladen werden, während bei einer mobilen Datenverbindung lediglich der Download von Fotos erfolgt.

Hat Ihnen einer Ihrer Kontakte ein Foto geschickt, können Sie dieses also meist sofort im Chat bewundern. Tippen Sie das Foto an, wird es in voller Schönheit angezeigt. Wenn das Bild im Querformat aufgenommen wurde, sollten Sie auch das Smartphone quer halten. Wurden gleich mehrere Fotos in einem Rutsch gesendet, blättern Sie mit einer horizontalen Wischbewegung von einem Bild zum nächsten.

Über den Pfeil oben links 1 kehren Sie wieder zum Chat zurück. Im Chat selbst werden gemeinsam gesendete Fotos nur beim ersten Öffnen des Chats einzeln angezeigt. Verlassen Sie den Chat und kehren später wieder hierher zurück, finden Sie eine Zusammenfassung der Bilder. Tippen Sie darauf, werden die Fotos untereinander angezeigt. Auch hier reicht ein Tipp auf eine Aufnahme, und Sie können sie über den gesamten Bildschirm hinweg bewundern. Über den Pfeil oben links kehren Sie wieder zur Fotosammlung zurück, der Pfeil dort führt Sie zurück zum Chat.

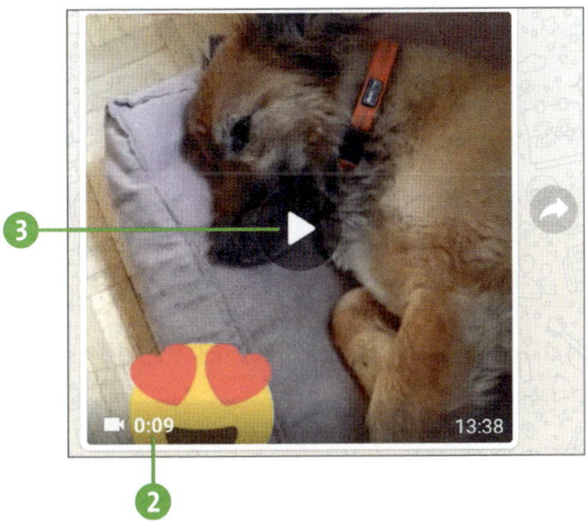

Wenn Ihr Smartphone mit einem WLAN verbunden ist und Sie ein Video empfangen haben, wird dieses in der Standardeinstellung – wie gerade bereits erwähnt – sofort in WhatsApp heruntergeladen. In der Videovorschau lässt sich unten links die Dauer des Videos ablesen (❷ auf Seite 53). Um den Film anzusehen, reicht ein Tipp auf das Wiedergabesymbol ❸. Haben Sie die Einstellung verändert (siehe den Abschnitt »Datenvolumen im Blick behalten« ab Seite 110) oder nutzen Sie ein mobiles Datennetz, erscheint statt der Dauer die Größe der Videodatei ❹. Erst nach einem Tipp auf das Wiedergabesymbol ❺ lädt WhatsApp den Film. Je nach Dateigröße und Internetgeschwindigkeit kann es nun einen Moment dauern, bis das Video abgespielt wird.

Über den Schieberegler unterhalb des Videos können Sie im Film schnell vor- bzw. zurückspulen ❻. Der Regler wird, ebenso wie das Wiedergabesymbol ❺ und das Pausesymbol, während des Abspielens des Films ausgeblendet. Mit einem Tipp auf den Bildschirm holen Sie Regler und Symbole schnell wieder zurück.

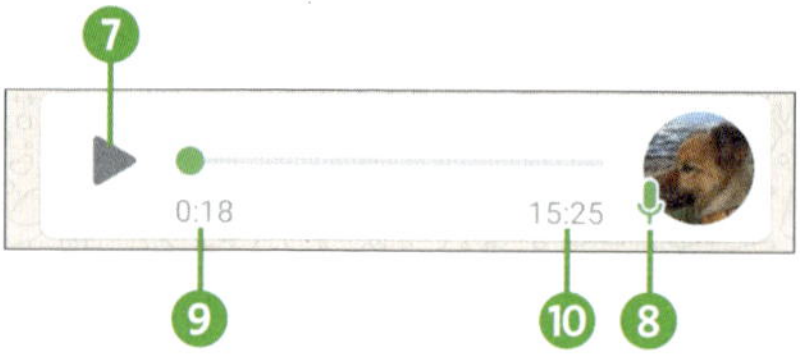

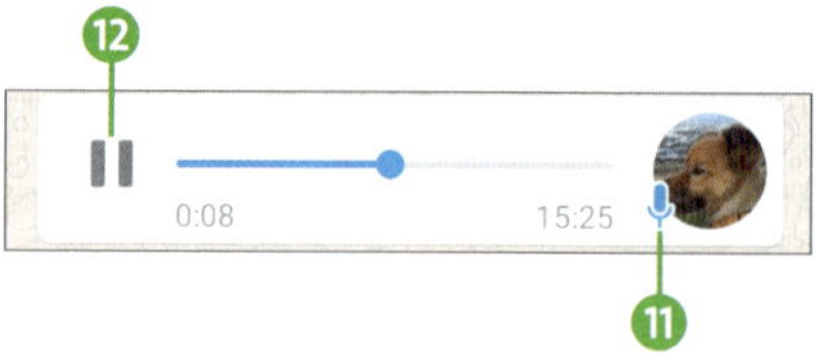

Wenn Sie von einem Ihrer Kontakte eine Sprachnachricht erhalten, wird im Chat neben dem Wiedergabesymbol ❼ das Profilbild des Absenders mit einem Mikrofon gekennzeichnet ❽. Sie erfahren außerdem die Dauer der Nachricht ❾ und wann sie abgeschickt wurde ❿. Möchten Sie erfahren, was Ihr Kontakt Ihnen zu erzählen hat, tippen Sie auf das Wiedergabesymbol ❼. In diesem Moment färbt sich das Mikrofonsymbol um ⓫. Es ist nun nicht mehr grün, sondern blau. Dies geschieht nicht nur bei Ihnen, sondern auch beim Absender, sodass dieser nun weiß, dass Sie seine Nachricht angehört haben. Mit einem Tipp auf das Pausesymbol ⓬ können Sie die Wiedergabe auch unterbrechen.

Sprachnachricht über Lautsprecher oder Hörer anhören

Sprachnachrichten werden über den Lautsprecher des Smartphones wiedergegeben. Damit können allerdings nicht nur Sie die Nachricht hören, sondern auch alle anderen in Ihrer Umgebung. Wenn Sie das nicht wünschen, halten Sie das Smartphone einfach ans Ohr, als würden Sie telefonieren. Damit wird die Nachricht nur über den Hörer abgespielt. Eine Alternative, um die Umwelt nicht mit den Sprachnachrichten zu nerven, ist der Einsatz eines Kopfhörers.

Wie im Kasten »Musikdateien und Dokumente senden« auf Seite 52 beschrieben, können Sie mit WhatsApp auch Dokumente senden und im Falle eines Android-Smartphones sogar Audiodateien. Das Abspielen Letzterer erfolgt wie gerade für die Sprachnachrichten gezeigt. Ob die Dokumente und Audiodateien sofort in WhatsApp verfügbar sind oder erst heruntergeladen werden müssen, hängt wie zuvor schon für Fotos und Videos beschrieben von den Einstellungen ab, die Sie vorgenommen haben. Den Download stoßen Sie schnell mit einem Tipp auf das Symbol (↓) 1 an.

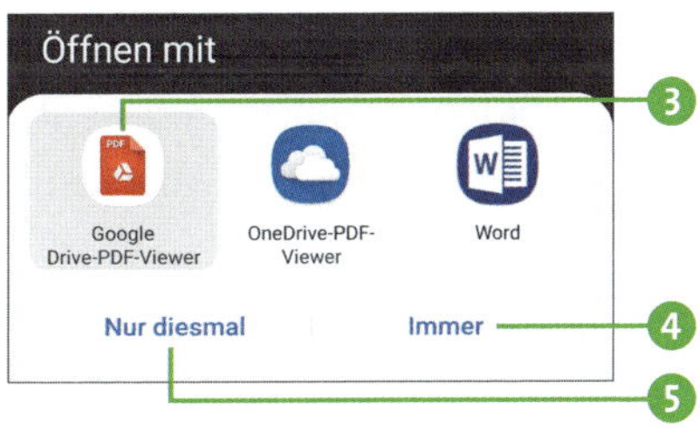

Um sich ein Dokument direkt auf dem Smartphone ansehen zu können, muss die passende App auf dem Gerät installiert sein. Wenn Sie z. B. eine PDF-Datei erhalten haben und diese zum Öffnen antippen 2, bietet Ihnen WhatsApp diverse Apps an. Wählen Sie die gewünschte App aus, etwa **Google Drive-PDF-Viewer** 3. Entscheiden Sie außerdem, ob Sie diese App **Immer** 4 oder **Nur diesmal** 5 zum Betrachten des Dokuments nutzen möchten. Umfasst das Dokument mehrere Seiten, gelangen Sie mit einer vertikalen Wischbewegung von einer Seite zur nächsten. Wenn Ihnen der Text zu klein ist, ziehen Sie einfach zwei Finger auf dem Bildschirm auseinander, um ihn zu vergrößern. Die umgekehrte Bewegung verkleinert den Text wieder.

Fehlende Apps über den Store beziehen

Wenn Sie z.B. eine Word-Datei ansehen möchten, muss eine entsprechende Office-App auf dem Smartphone installiert sein. Bei neueren Geräten ist dies meist bereits der Fall. Fehlt die passende App auf Ihrem Smartphone, weist WhatsApp Sie beim Versuch, die Datei zu öffnen, darauf hin. Eine passende App ist aber schnell über den Store nachgerüstet. Bei einem Android-Smartphone werfen Sie hierzu einen Blick in den Play Store, beim iPhone finden Sie die gesuchte App im App Store.

Alle in WhatsApp empfangenen Dateien werden übrigens automatisch auf Ihrem Smartphone gespeichert. Sie finden sie im internen Speicher im Verzeichnis *WhatsApp\Media*.

Kontaktdaten weiterleiten

»Kannst du mir die Adresse von deinem Lieblingsrestaurant geben?« Sicherlich wurde Ihnen auch schon mal diese oder eine ähnliche Frage gestellt. Wenn Sie die Adresse in der Kontakte-App Ihres Smartphones gespeichert haben, können Sie sie blitzschnell über WhatsApp an andere schicken. Und das funktioniert so:

1. Öffnen Sie über das Register **Chats** einen Chat mit der Person, der Sie die Adressdaten schicken möchten, oder wählen Sie diesen nach einem Tipp auf das Symbol bzw. beim iPhone auf in der Kontaktliste aus.

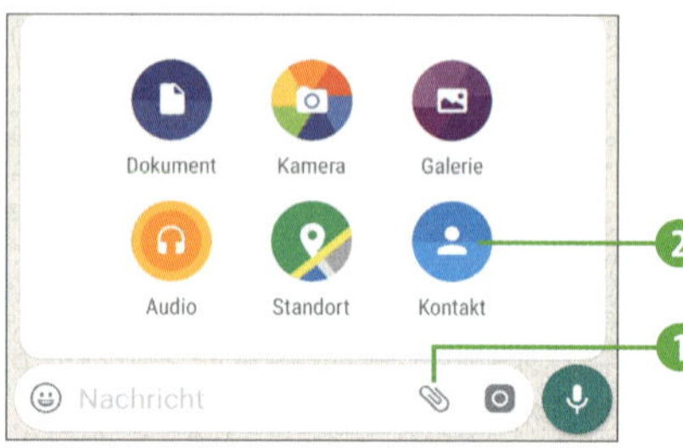

2. Tippen Sie im Textfeld rechts auf das Büroklammersymbol ❶. Beim iPhone wählen Sie das

Plussymbol links. Im aufklappenden Dialog markieren Sie **Kontakt** 2.

3. In der folgenden Liste werden alle in der Kontakte-App gespeicherten Kontakte aufgelistet, also auch die, die nicht in der WhatsApp-Kontaktliste erscheinen. Versehen Sie per Tipp den Kontakt, dessen Adressdaten weitergeleitet werden sollen, mit einem Häkchen 3. Wenn Sie möchten, können Sie auch mehrere Kontakte markieren. Mit einem Tipp auf das Kreuzsymbol im Kontaktnamen oben 4 können Sie versehentlich ausgewählte Kontakte wieder entfernen.

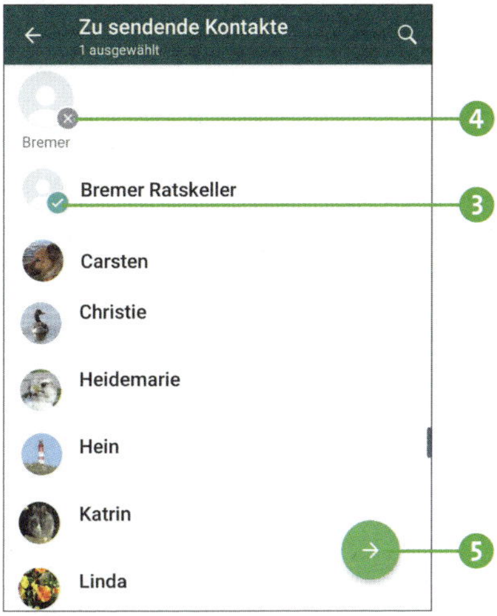

4. Bestätigen Sie Ihre Auswahl mit einem Tipp auf das Pfeilsymbol unten rechts 5 bzw. beim iPhone oben rechts auf **Fertig**.

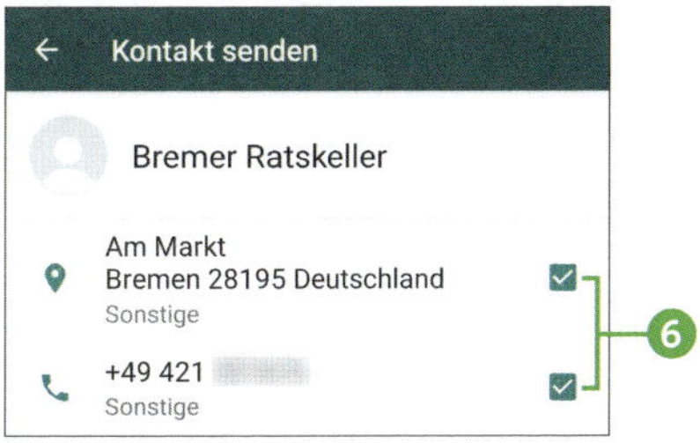

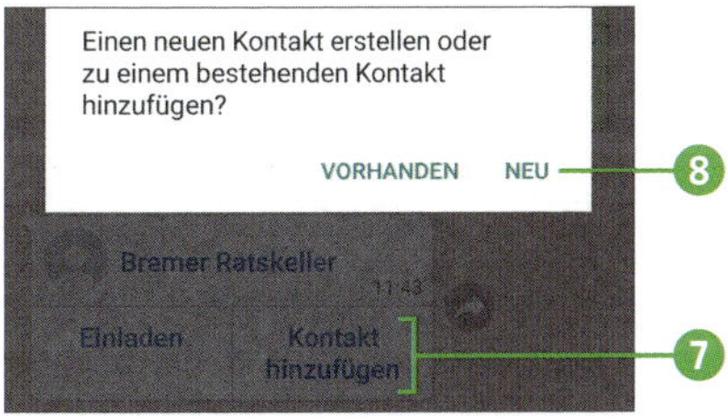

5. Auf der folgenden Seite werden alle Daten aufgelistet, die Sie vom Kontakt gespeichert haben. Entfernen Sie per Tipp die Häkchen 6 rechts bzw. links von den Einträgen, die nicht verschickt werden sollen.

6. Mit einem Tipp auf das Symbol (iPhone: **Senden**) verschicken Sie die mit Häkchen gekennzeichneten Daten.

Beim Empfänger erscheint im Chat mit Ihnen nun ein Hinweis auf die gesendeten Kontaktdaten. Nach einem Tipp auf **Kontakt hinzufügen**

7 und dann auf **Neu** 8 (sofern ein neuer Kontakt erstellt werden soll) müssen die im folgenden Kontaktformular bereits automatisch ergänzten Kontaktdaten nur noch mit **Speichern** in der Kontakte-App übernommen werden. Das lästige Ausfüllen aller Felder fällt somit weg.

Links an Freunde verschicken

Sie haben beim Surfen im Internet eine interessante Webseite entdeckt? Um den Link hierzu an einen Ihrer WhatsApp-Kontakte zu schicken, tippen Sie im Browser, über den Sie gerade den Artikel lesen (z. B. Google Chrome, Internet oder auch Safari), auf das Menüsymbol und wählen dann den Befehl **Senden** bzw. **Teilen**. Beim iPhone tippen Sie dazu einfach auf das Symbol unten in der Menüleiste. Kommunizieren Sie häufiger mit der Person über WhatsApp, wird der Kontakt im nächsten Dialog wahrscheinlich bereits aufgeführt und muss nur noch angetippt werden. Alternativ tippen Sie auf **WhatsApp** und wählen den gewünschten Kontakt in der Kontaktliste aus. Nach einem Tipp auf → bzw. auf **Weiter** wird der Chat mit dem Kontakt angezeigt. Tippen Sie hier auf ➤ (iPhone: **Senden**), wird der Link verschickt. Der Empfänger muss ihn nun nur noch im Chat mit Ihnen antippen, dann den gewünschten Browser auswählen, und schon kann auch er den interessanten Artikel lesen.

Standortinformationen austauschen

Die einen interessieren sich bei gemeinsamen Ausflügen mehr für die Sehenswürdigkeiten, die anderen werden von Geschäften magisch angezogen. So ergibt es sich immer mal wieder, dass man für kurze Zeit getrennte Wege geht. Doch wie findet man wieder zusammen, vor allem dann, wenn einer in der Gruppe die Orientierung verloren hat? Mit WhatsApp ist nichts leichter als das: Mit wenigen Fingertipps können Sie den anderen Personen Ihre aktuellen Positionsdaten schicken. Voraussetzung hierfür ist, dass die Standorterkennung auf Ihrem Smartphone aktiviert und das Gerät natürlich mit dem Internet verbunden ist. Auf einem Smartphone mit Android 9 z. B. schalten Sie den Standort in der Einstellungen-App in der Kategorie **Biometrische Daten und Sicherheit** ein. Beim iPhone wählen Sie den Weg über **Einstellungen ▸ Datenschutz ▸ Ortungsdienste**. Das Versenden der Standortinformation in WhatsApp funktioniert folgendermaßen:

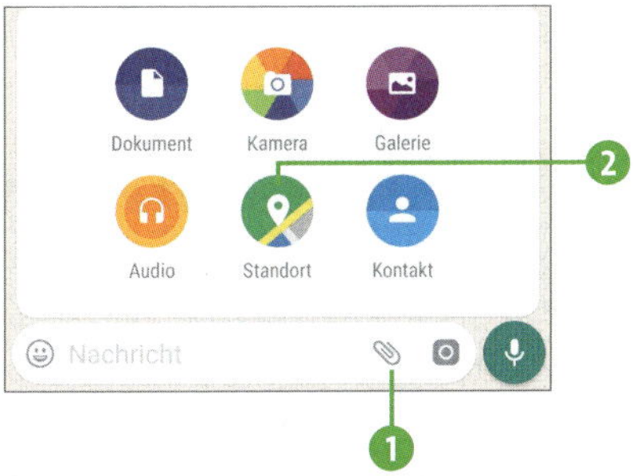

1. Wählen Sie den gewünschten Kontakt aus, dem Sie die Nachricht zukommen lassen möchten.
2. Tippen Sie im Textfeld rechts auf das Büroklammersymbol 1 bzw. beim iPhone auf das Plussymbol und dann auf **Standort** 2.
3. Wenn Sie das erste Mal über WhatsApp Standortinformationen senden, müssen Sie als Nächstes den Zugriff auf den Standort mit einem Tipp auf **Weiter** und dann **Zulassen** erlauben.
4. Auf der nächsten Seite wird nun eine Karte eingeblendet. An dem mit einem blauen Punkt gekennzeichneten Ort befinden Sie sich 3. Rundherum werden mithilfe grüner Punkte markante Orte wie Restaurants, Apotheken und mehr angezeigt. Diese finden Sie auch in der Liste unten, in der Sie mit einer vertikalen Wischbewegung blättern können. Wenn Sie dem Kontakt Ihren eigenen Standort mitteilen möchten, tippen Sie in der Liste auf **Aktuellen Standort senden** 4. Alternativ können Sie auch einen der anderen Orte wählen 5. Lesen Sie hierzu auch den Kasten »Vorsicht beim Teilen des Live-Standortes« auf Seite 60.

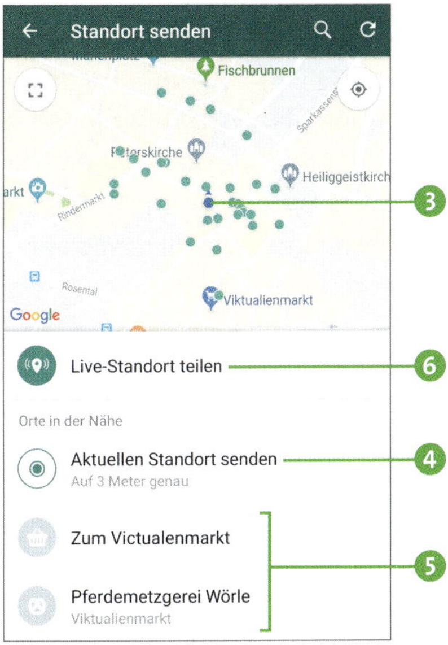

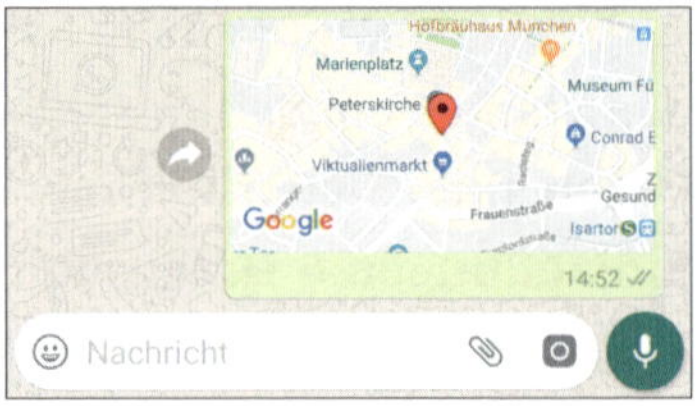

Sowohl beim Empfänger als auch bei Ihnen wird im Chat der kleine Kartenausschnitt mit Ihrem gewählten Standort angezeigt. Mit einem Tipp auf den Pfeil können Sie beide diese Angabe gleich an eine weitere Person weiterleiten.

Vorsicht beim Teilen des Live-Standortes

Oberhalb der Standortliste bietet Ihnen WhatsApp an, Ihren Live-Standort zu teilen (siehe 6 auf Seite 59). Entscheiden Sie sich für diesen Eintrag, werden Ihre Standortinformationen an alle von Ihnen freigegebenen Kontakte als Statusmeldung verschickt (siehe hierzu auch den Abschnitt »Statusinformationen ergänzen« ab Seite 95) und sind für diese für den von Ihnen angegebenen Zeitraum sichtbar. Die Standortangaben werden regelmäßig aktualisiert, sodass Ihre Kontakte in der Chatansicht mit Ihnen (also nicht im Register **Status**, wie bei anderen Statusmeldungen üblich) genau die Route mitverfolgen können, die Sie zurücklegen. Wenn Sie unterwegs mit dem mobilen Datennetz verbunden sind, ist diese Funktion mit Vorsicht zu genießen, da große Datenmengen übermittelt werden. Um die Live-Standortübermittlung zu beenden, tippen Sie im Chat auf **Teilen beenden**.

KAPITEL 4

Gruppenchats und Broadcast nutzen

Eine Nachricht gleich an mehrere Personen schicken? Sowohl der Gruppenchat als auch die Broadcast-Funktion von WhatsApp machen es möglich. Während beim Gruppenchat alle Gruppenmitglieder die Namen bzw. die Mobilfunknummern der anderen Teilnehmer sehen können, bleiben diese bei einem Broadcast verborgen. In diesem Kapitel lernen Sie beide Varianten kennen.

Eine Gruppe erstellen und Mitglieder hinzufügen

Sie planen ein Familienfest, das viel Organisation erfordert? Oder steht die Planung eines Ausflugs mit Freunden oder Vereinskollegen an? Für Gelegenheiten, in denen sich mehrere Personen untereinander absprechen müssen, bietet sich der Gruppenchat von WhatsApp perfekt an: Die Gruppenteilnehmer können Textnachrichten, Fotos, Videos oder auch Sprachnachrichten versenden, die wiederum von allen anderen gelesen und auch beantwortet werden können. Um eine Gruppe zu erstellen und gleich die ersten Mitglieder hinzuzufügen, gehen Sie folgendermaßen vor:

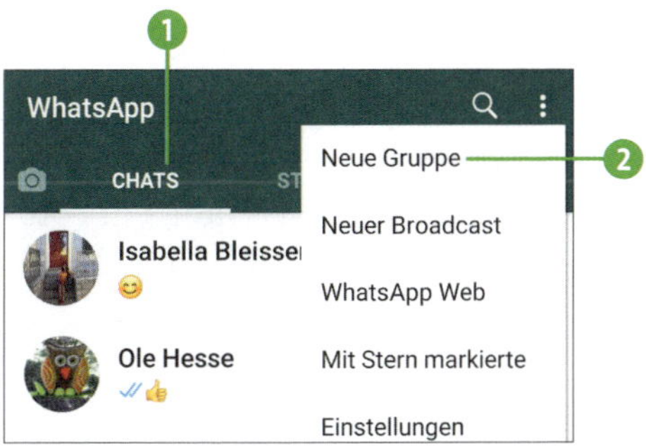

1. Rufen Sie das Register **Chats** (1) auf. Auf dem iPhone tippen Sie zu Beginn der Chatübersicht auf die Schaltfläche **Neue Gruppe**. Nutzen Sie ein Android-Smartphone, tippen Sie oben rechts auf das Symbol ⋮ und dann

auf **Neue Gruppe** ❷. Alternativ können Sie auch die Kontaktliste über das Symbol unten rechts einblenden und dort dann **Neue Gruppe** antippen.

2. Markieren Sie in der folgenden Liste alle Kontakte, die Mitglieder der Gruppe werden sollen ❸. Selbstverständlich können Sie auch später noch Mitglieder hinzufügen. Wie dies funktioniert, erfahren Sie im Abschnitt »Mitglieder hinzufügen oder ausschließen« ab Seite 73. Dort lesen Sie auch, wie sich Personen einladen lassen, die Sie noch nicht als Kontakt gespeichert haben und die somit auch nicht in Ihrer Kontaktliste in WhatsApp angezeigt werden.

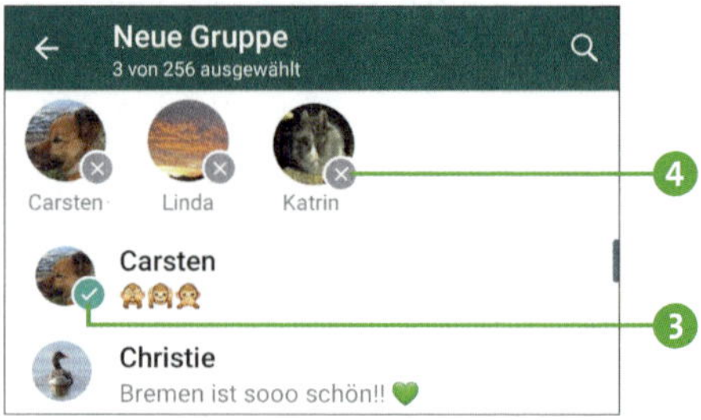

3. Sie können der Gruppe insgesamt maximal 256 Personen hinzufügen. Alle ausgewählten Kontakte werden zu Beginn der Seite angezeigt. Mit einem Tipp auf das Profilbild ❹ lässt sich eine versehentlich markierte Person wieder entfernen. Haben Sie alle gewünschten Personen markiert, tippen Sie auf das Symbol bzw. beim iPhone auf **Weiter**.

4. Geben Sie im Feld **Gruppenbetreff** einen aussagekräftigen Namen für die Gruppe ein ❺. Dieser darf auch Emojis enthalten.

5. Nach einem Tipp auf das Kamerasymbol ❻ können Sie ein Profilbild hinzufügen. Sie haben nun die Wahl, ein Foto mit der Kamera aufzuneh-

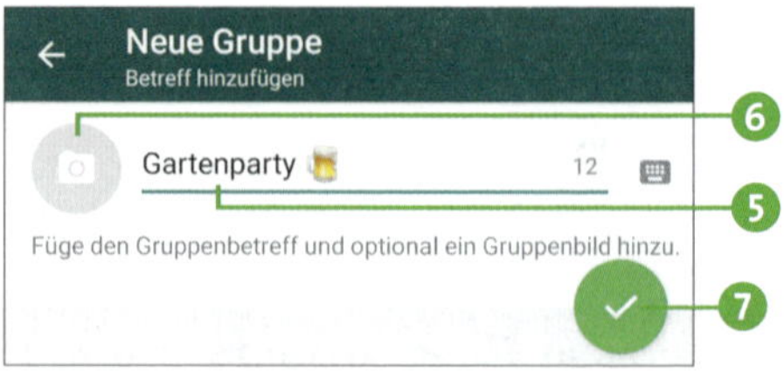

men, ein Bild im Web zu suchen oder eine vorhandene Aufnahme in Ihrer Fotosammlung auszuwählen.

6. Noch ein Tipp auf das Häkchen ✓ 7 bzw. beim iPhone auf **Erstellen**, und schon ist die Gruppe erzeugt.

Auf Ihrem Smartphone wird nun die Chatansicht der Gruppe angezeigt. Mit einem Tipp auf den Pfeil oben links 8 kehren Sie zur Chatübersicht zurück, in der die Gruppe ebenfalls aufgeführt wird.

Alle Kontakte, die Sie gerade der Gruppe hinzugefügt haben, erhalten eine Nachricht von Ihnen, in der ihnen mitgeteilt wird, dass sie nun Mitglied der Gruppe sind. Außer, Sie haben ggf. die Datenschutzeinstellungen verändert. Lesen Sie hierzu auch den Kasten »Datenschutzeinstellungen für Gruppen anpassen« auf Seite 64.

Auch bei den Gruppenmitgliedern wird in der Chatübersicht der Gruppenname mit dem entsprechenden Profilbild angezeigt. Für den Fall, dass Sie selbst einmal einer Gruppe hinzufügt werden, obwohl Sie dies gar nicht möchten: Im Abschnitt »Und tschüss: Gruppe verlassen und löschen« ab Seite 76 erfahren Sie, wie Sie jederzeit wieder eine Gruppe verlassen und diese aus Ihrer Chatübersicht entfernen können.

Bevor Sie mit dem Austausch von Nachrichten in der Gruppe beginnen, sollten Sie den folgenden Abschnitt »Wer darf was? Wichtige Einstellungen für die Gruppe vornehmen« ab Seite 64 lesen. Hier erfahren Sie u. a., was es mit dem Administrator einer Gruppe auf sich hat.

Datenschutzeinstellungen für Gruppen anpassen

Wer auch immer im Besitz Ihrer Mobilfunknummer ist und Sie in der Kontakte-App seines Smartphones gespeichert hat, kann Sie auch einer Gruppe hinzufügen. Interessiert Sie die Gruppe gar nicht, haben Sie bisher in einem solchen Fall nur die Möglichkeit, die Gruppe wieder zu verlassen und dann zu löschen. Mit einer der nächsten Versionen sollen in WhatsApp aber endlich die Datenschutzeinstellungen erweitert werden. Rufen Sie über **Einstellungen ▸ Account ▸ Datenschutz** die **Gruppe** auf, können Sie dann entscheiden, ob **Jeder** Sie einer Gruppe hinzufügen kann, nur Ihre **Kontakte** oder sogar **niemand**.

Wer darf was? Wichtige Einstellungen für die Gruppe vornehmen

Jeder, der eine Gruppe erstellt, ist automatisch deren Administrator. Ein solcher Gruppenadministrator besitzt besondere Rechte, über die die anderen Mitglieder nicht verfügen. So kann z. B. nur ein Administrator der Gruppe weitere Mitglieder hinzufügen und Personen auch wieder von der Gruppe ausschließen (siehe den Abschnitt »Mitglieder hinzufügen oder ausschließen« ab Seite 73).

Jedes Gruppenmitglied darf zunächst beliebig Textnachrichten, Fotos, Videos oder auch Sprachnachrichten verschicken. Gerade Gruppen mit vielen Mitgliedern entwickeln aber häufig eine ganz eigene Dynamik. So hat z. B. nicht jede der gesendeten Nachrichten mit dem eigentlichen Zweck der Gruppe zu tun. Dient eine Gruppe beispielsweise nur der Information, sind unsinnige Bilder, die einige gerne und vor allem häufig verschicken, nicht nur fehl am Platz, sondern nerven die anderen Mitglieder auch. Auch das eigenwillige Ändern des Profilbilds oder Gruppennamens ist nicht immer gerne gesehen. Der Administrator einer Gruppe kann entsprechende Änderungen an den Gruppeneinstellungen vornehmen und festlegen, wer was darf. Und das funktioniert so:

1. Rufen Sie den Gruppenchat auf. Tippen Sie am oberen Seitenrand auf den Gruppennamen ①, um die Gruppeninfo aufzurufen.

2. Suchen Sie in den Gruppeninfos die **Gruppeneinstellungen** ②. Diese Schaltfläche wird nur aufgeführt, wenn Sie Gruppenadministrator sind. Tippen Sie darauf.

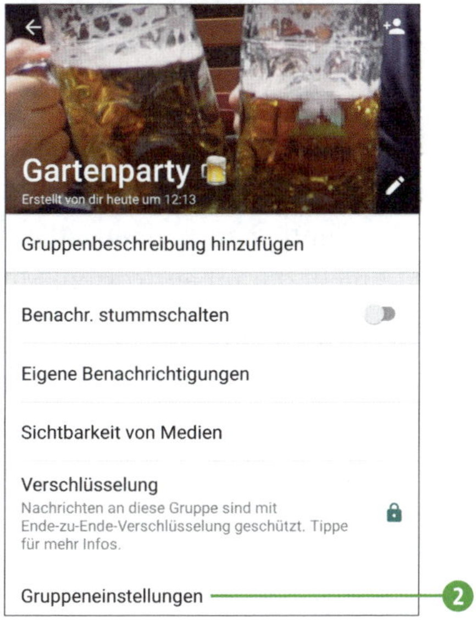

3. Die Standardeinstellung von WhatsApp sieht vor, dass jedes Gruppenmitglied den Gruppennamen oder auch das Profilbild ändern darf. Wenn Sie dies nicht möchten, tippen Sie auf **Gruppeninfo bearbeiten** ③.

4. Markieren Sie die Option **Nur Admins** ④, und bestätigen Sie mit **OK**.

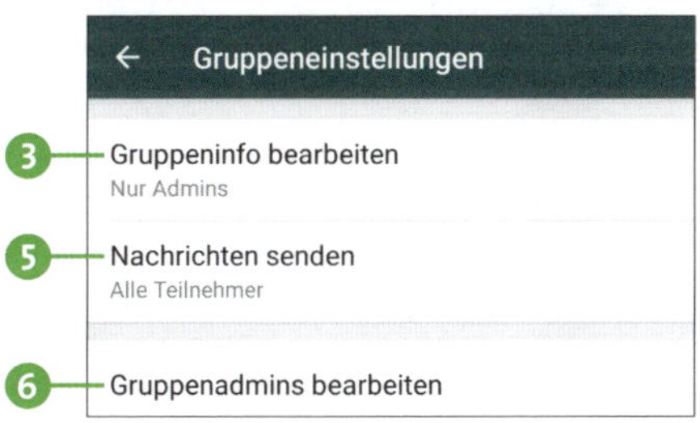

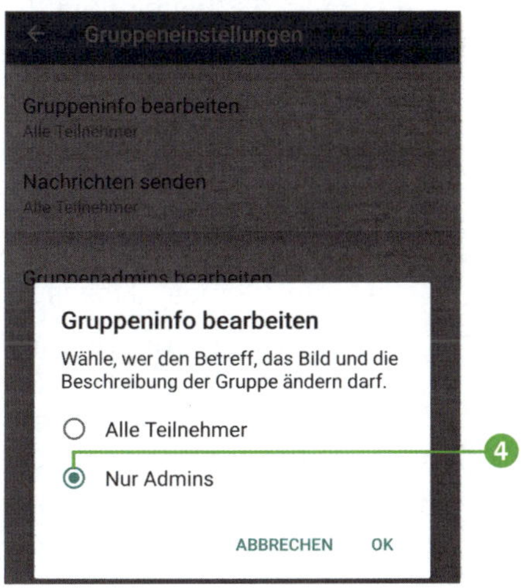

5. Dient die Gruppe ausschließlich Informationszwecken, und ist es nicht nötig, dass die Gruppenmitglieder selbst Nachrichten veröffentlichen? Auch das können Sie als Gruppenadministrator entsprechend festlegen. Tippen Sie auf **Nachrichten senden** (5 auf Seite 65) Entscheiden Sie nun, ob **Alle Teilnehmer** oder **Nur Admins** Nachrichten senden dürfen. **Nur Admins** bewirkt, dass nur die Administratoren Nachrichten innerhalb einer Gruppe veröffentlichen können. Alle anderen können diese nur lesen, aber nicht darauf antworten. Mit **OK** übernehmen Sie die Auswahl.

Die Gruppenmitglieder werden im Chat über die vorgenommenen Änderungen informiert. Wie bereits erwähnt, verfügt derjenige, der die Gruppe erstellt, automatisch über den Status eines Gruppenadministrators. Somit hat jede Gruppe mindestens einen Administrator. Als Gruppengründer können Sie weitere Gruppenmitglieder zu Administratoren ernennen.

1. Rufen Sie hierzu wie in den Schritten 1 und 2 auf Seite 65 gezeigt die **Gruppeneinstellungen** auf. Nur als Gruppengründer wird Ihnen hier **Gruppenadmins bearbeiten** (6 auf Seite 65) angezeigt. Tippen Sie darauf.

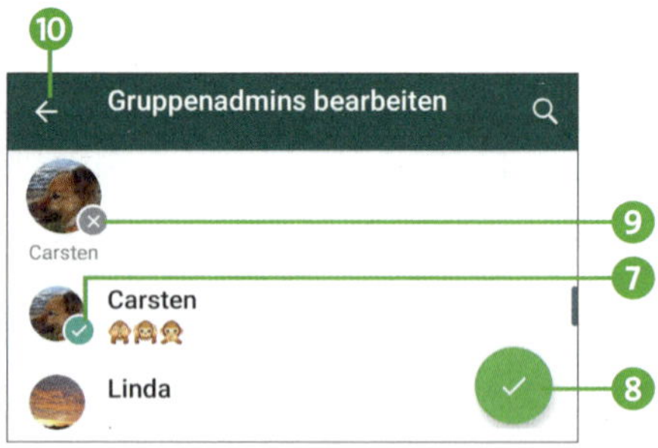

2. In der jetzt eingeblendeten Mitgliederliste wählen Sie durch Antippen weitere Gruppenadministratoren aus. In deren Profilbild (beim iPhone hinter den Namen rechts) erscheint nun ein kleines Häkchen 7. Bestätigen Sie mit einem Tipp auf das Häkchen ✓ 8 (iPhone: **Fertig**).

Wenn Sie der Gruppengründer sind, können Sie einem Mitglied den Administratorstatus auch wieder entziehen. Hierzu öffnen Sie einfach wieder die Seite **Gruppenadmins bearbeiten**. Tippen Sie am oberen

Seitenrand auf die Person, der Sie den Status eines Administrators entziehen wollen ⑨. Mit einem Tipp auf das Häkchen ⑧ bzw. auf **Fertig** übernehmen Sie die Änderungen. Auch hier wird das Gruppenmitglied, das zum Administrator ernannt bzw. dem der Administratorstatus entzogen wurde, im Chat darüber informiert. Um von den Gruppeneinstellungen wieder zur Gruppeninfo zurückzukehren, reicht wie üblich ein Tipp auf den Pfeil oben links ⑩.

Blättern Sie auf der Seite **Gruppeninfo** etwas nach unten, gelangen Sie zu den Namen der Mitglieder. Die Gruppenadministratoren werden hier entsprechend gekennzeichnet. Lesen Sie hierzu auch den folgenden Kasten »Nicht gespeicherte Kontakte der Kontakte-App hinzufügen«.

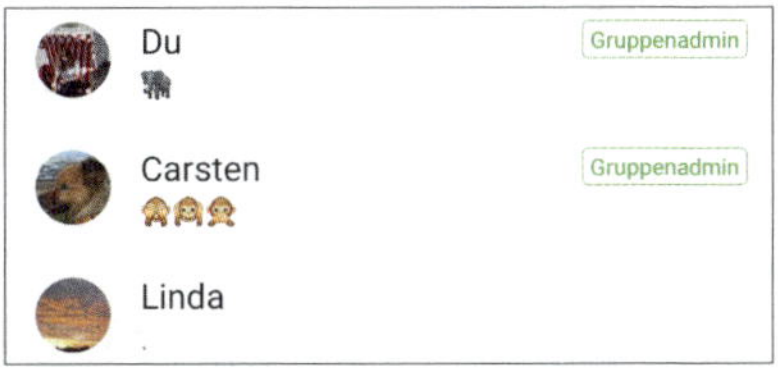

Nicht gespeicherte Kontakte der Kontakte-App hinzufügen

Wenn in der Liste der Gruppenmitglieder statt eines Kontaktnamens eine Telefonnummer auftaucht, bedeutet dies, dass Sie die entsprechende Person noch nicht in der Kontakte-App Ihres Smartphones gespeichert haben. Hinter der Telefonnummer wird der Name angezeigt, unter dem sich das Gruppenmitglied bei WhatsApp angemeldet hat. Wenn Sie die Person gerne in Ihrer Kontaktliste aufnehmen möchten, tippen Sie die Telefonnummer etwas länger an. Nach einem Tipp auf **Zu Kontakten hinzufügen** können Sie die Telefonnummer nun einem bestehenden Kontakt hinzufügen oder als neuen Kontakt speichern. Näheres hierzu erfahren Sie im Kasten »Nachrichten von unbekannten Mobilfunknummern« auf Seite 34.

Auf der Seite **Gruppeninfo** haben Sie die Möglichkeit, in einer Gruppenbeschreibung ein paar Informationen zur Gruppe zu hinterlegen. Dies können Hinweise zum Zweck der Gruppe sein oder aber auch Regeln, die innerhalb der Gruppe berücksichtigt werden sollen. Um die

Kurzinfo zu ergänzen, tippen Sie auf **Gruppenbeschreibung hinzufügen** ❶. Wenn Sie den gewünschten Text eingegeben haben, bestätigen Sie mit **OK** bzw. auf dem iPhone mit **Sichern**. Die Gruppenmitglieder werden im Gruppenchat nun über die neue Beschreibung in Kenntnis gesetzt. Nach einem Tipp auf den Hinweis wird die Seite **Gruppeninfo** mit der Gruppenbeschreibung geöffnet.

Die Gruppeninfo lässt sich auf einem Android-Smartphone übrigens auch aus der Chatübersicht heraus aufrufen, indem Sie dort auf das Gruppenbild ❷ tippen und dann auf das Symbol ⓘ ❸. Auf der Seite **Gruppeninfo** haben Sie nach einem Tipp auf **Eigene Benachrichtigungen** ❹ (iPhone: **Eigene Töne**) u. a. die Möglichkeit, für die Gruppe einen speziellen Benachrichtigungston auszuwählen. Informationen zu den einzelnen Benachrichtigungsmethoden erhalten Sie im Abschnitt »Benachrichtigungen individuell einstellen« ab Seite 104.

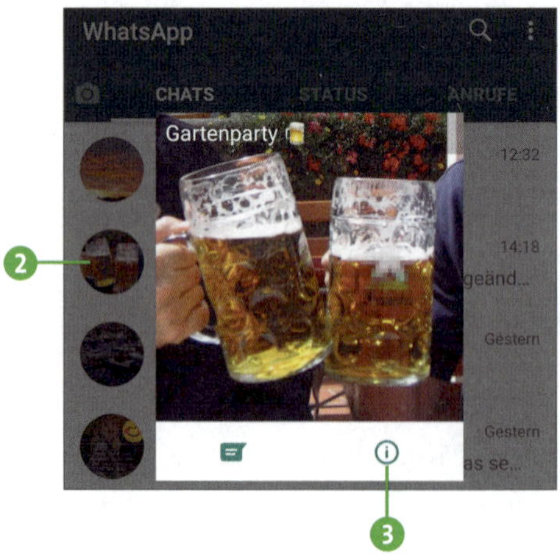

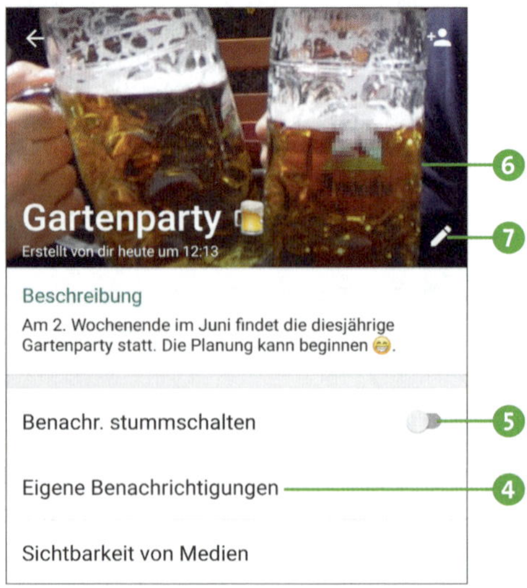

Herrscht innerhalb des Gruppenchats ein reger Austausch, können die Benachrichtigungen über neu eingetroffene Meldungen schnell lästig werden. In solchen Phasen ist es durchaus angenehm, die Benachrichtigungen einfach stummzuschalten. Den entsprechenden Schieberegler hierfür 5 (beim iPhone die Schaltfläche **Stumm**) finden Sie auf der Seite **Gruppeninfo**. Anschließend wählen Sie den Zeitraum aus, in dem Sie keinerlei Benachrichtigungen erhalten möchten, also etwa **8 Stunden** oder auch **1 Woche**. Mit einem erneuten Tipp auf den Schieberegler bzw. die Schaltfläche lassen sich die Benachrichtigungen jederzeit wieder einschalten.

Gruppenname und Gruppenbild ändern

So ganz passt der Name oder das Profilbild, das beim Errichten der Gruppe festgelegt wurde, doch nicht mehr? Ein Gruppenadministrator hat jederzeit die Möglichkeit, die Angaben zu korrigieren, normale Mitglieder nur, wenn der Gruppenadministrator dies auch zulässt. Um die Änderungen vorzunehmen, blenden Sie die **Gruppeninfo** ein. Nach einem Tipp auf das Profilbild 6 und dann auf das Stiftsymbol können Sie ein neues Gruppenbild auswählen (beim iPhone finden Sie hierfür auf dem Profilbild ein kleines Kamerasymbol). Über den Pfeil oben links gelangen Sie von der Seite **Gruppenbild** wieder zurück zur **Gruppeninfo**. Nutzen Sie ein Android-Smartphone, tippen Sie in der Gruppeninfo auf das Stiftsymbol 7 am rechten Fensterrand in Höhe des Gruppennamens. Geben Sie nun einen neuen Betreff ein, den Sie mit **OK** bestätigen. Beim iPhone ändern Sie den Betreff nach einem Tipp auf den Pfeil neben dem Gruppennamen. Nach Eingabe des Betreffs bestätigen Sie mit **Fertig** und **Sichern**.

Medien nicht in der Fotosammlung anzeigen

Alle Fotos und Videos, die Sie über WhatsApp empfangen, werden automatisch auch in der Galerie-App bzw. Foto- und Videomediathek Ihres Smartphones angezeigt. Möchten Sie nicht, dass hier zwischen all Ihren Privatbildern auch die Medien auftauchen, die innerhalb einer Gruppe ausgetauscht wurden, müssen Sie nur eine kleine Einstellung anpassen. Rufen Sie hierzu die Gruppeninfo der entsprechenden Gruppe auf, und tippen Sie dort auf **Sichtbarkeit von Medien** (iPhone: **In Aufnahmen speichern**). Aktivieren Sie die Option **Nein** bzw. **Niemals** und bestätigen dann mit **OK**, erscheinen die Fotos und Videos aus dem Gruppenchat, die Sie von jetzt an erhalten, nicht mehr in der Fotosammlung. Wenn Sie eine Übersicht über die ausgetauschten Medien benötigen, tippen Sie im Gruppenchat auf das Symbol ⋮ und dann auf **Gruppenmedien** (beim iPhone tippen Sie gleich in der Gruppeninfo auf **Medien, Links und Doks**). Auf der folgenden Seite finden Sie in den drei Registern **Medien**, **Dokumente** und **Links** alle im Gruppenchat veröffentlichten Dateien und Links. Dieses Vorgehen funktioniert übrigens nicht nur in Gruppenchats, sondern auch in Chats mit einzelnen Kontakten.

Nachrichten innerhalb der Gruppe austauschen

Ist die Gruppe eingerichtet, kann die Kommunikation zwischen den Mitgliedern auch schon starten. Wie Sie Textnachrichten verfassen und Fotos, Videos oder auch Sprachnachrichten senden, haben Sie bereits ausführlich in den letzten beiden Kapiteln gelernt. Innerhalb einer Gruppe gehen Sie genauso vor. Ausgangspunkt für Ihre Nachrichten ist auch hier das Textfeld am unteren Bildschirmrand.

Sobald Sie Ihre Nachricht mit einem Tipp auf ➤ versenden, wird sie automatisch an alle Gruppenmitglieder geschickt. Solange noch nicht alle Mitglieder die Nachricht gelesen haben, erscheint neben Ihrer Nachricht im Chat das Symbol für gesendete Nachrichten ✓✓. Es färbt sich erst dann um, wenn alle einen Blick darauf geworfen haben. Interessiert es Sie, wer die Nachricht gelesen hat, halten Sie den Finger länger auf der Nachricht gedrückt 1, bis am oberen Bildschirmrand eine Symbolleiste eingeblendet wird. Beim iPhone erscheint ein kleines Dialogfenster. Tippen Sie in der Leiste bzw. dem Fenster auf das Symbol ⓘ 2, wird die Nachrichteninfo angezeigt, in der zu Beginn die Mitglieder aufgelistet werden, die die Nachricht bereits gelesen haben 3, und darunter diejenigen, die die Meldung zwar erhalten, aber nicht angesehen haben. Über den Pfeil oben links 4 kehren Sie wieder zum Gruppenchat zurück.

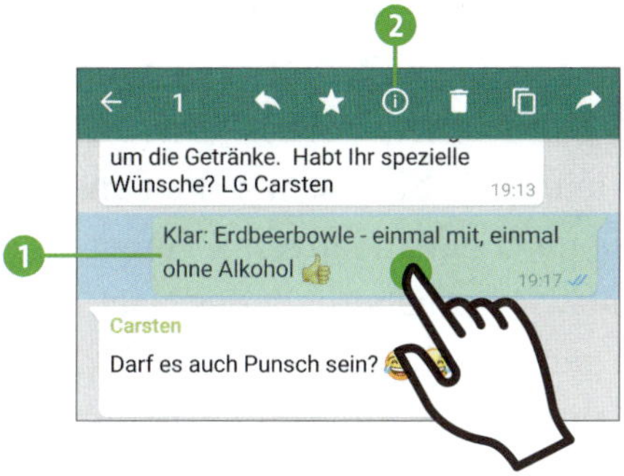

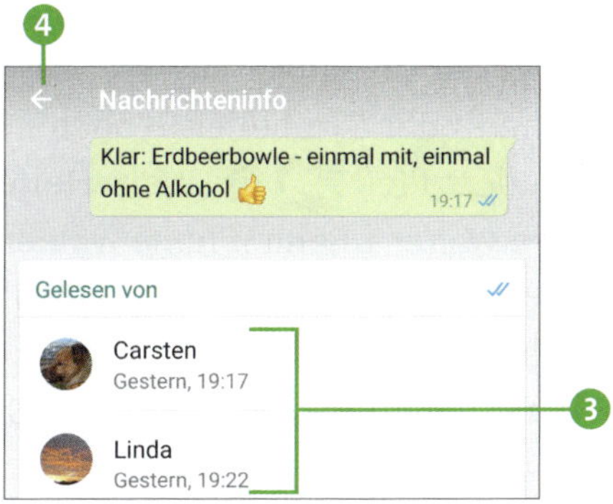

Die Besonderheiten einer Gruppe werden vor allem dann deutlich, wenn Sie sich in Ihren Nachrichten an einzelne Personen innerhalb der Gruppe wenden möchten. Hier können drei verschiedene Szenarien entstehen:

- Szenario 1: Ihre Nachricht soll zwar an alle Gruppenmitglieder geschickt werden, Sie möchten aber eine Person gezielt ansprechen. In diesem Fall tippen Sie einfach das Zeichen @ 5 im Textfeld ein. In einem Gruppenchat klappt damit automatisch eine Liste mit allen Gruppenmitgliedern auf, in der Sie die gewünschte Person antippen 6. Senden Sie die fertige Nachricht mit einem Tipp auf ➤, wird sie an alle Gruppenmitglieder geschickt. Das angesprochene Mitglied erhält zusätzlich zur Gruppenbenachrichtigung einen gesonderten Hinweis auf Ihre Nachricht.

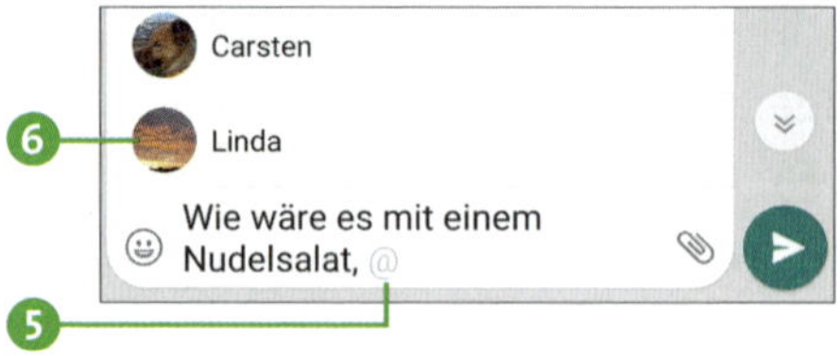

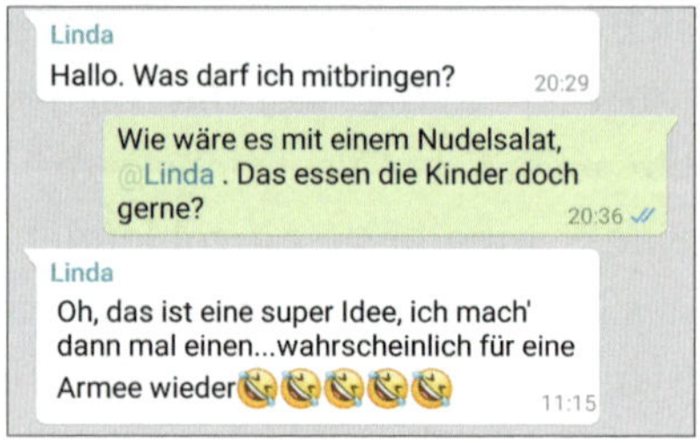

- Szenario 2: Sie möchten auf eine ältere Nachricht eines bestimmten Gruppenmitglieds antworten. Die Antwort soll alle Gruppenmitglieder erreichen. Blättern Sie hierzu im Gruppenchat bis zu der Nachricht, auf die Sie Bezug nehmen möchten. Halten Sie den Finger etwas länger auf der Nachricht gedrückt 7, und tippen Sie dann in der Symbolleiste oben auf 8 (**Antworten**).(Vorsicht: Mit dem Pfeil 9 (**Weiterleiten**) leiten Sie die Nachricht an andere weiter.) Beim iPhone wählen Sie nach einem längeren Fingertipp auf die Nachricht den Befehl **Antworten**. Oberhalb des Nachrichtentextfeldes erscheint damit die gerade ausgewählte Meldung. Unterhalb dieses Zitats können Sie nun wie gewohnt Ihre Antwort eingeben und mit senden.

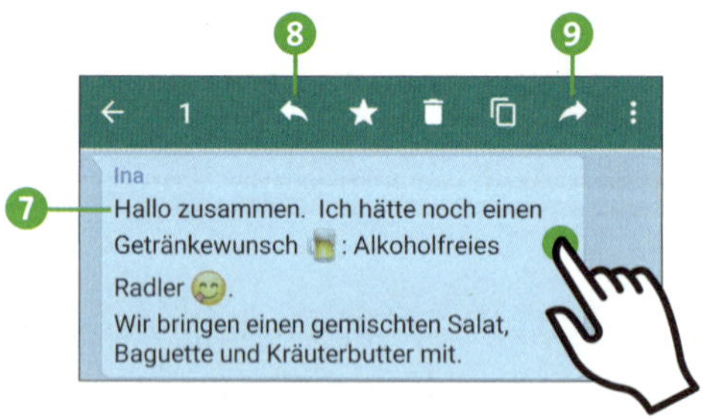

WhatsApp gestattet das Weiterleiten von Nachrichten übrigens nur noch an maximal fünf Empfänger. Damit sollen Kettenbriefe verhindert werden. Weitere Informationen hierzu erhalten Sie im Abschnitt »Was tun, wenn Sie kuriose Nachrichten über WhatsApp erhalten?« ab Seite 135.

- Szenario 3: Sie möchten einem der Gruppenmitglieder ganz privat auf eine seiner Nachrichten antworten, ohne dass die anderen Gruppenmitglieder etwas davon mitbekommen. Auch hier blättern Sie wieder zur gewünschten Nachricht und halten den Finger länger darauf gedrückt. In der Symbolleiste tippen Sie nun auf das Symbol ⋮ ⑩. Sie haben jetzt die Wahl zwischen **Privat antworten** ⑪ und **Nachricht an …** ⑫. Beim iPhone müssen Sie zuvor im Dialogfenster noch auf **Mehr** tippen, um dieselben Optionen zu sehen. Soll auch hier wieder die Meldung, die die Person im Gruppenchat veröffentlicht hat, zitiert werden ⑬, wählen Sie **Privat antworten**. Möchten Sie hingegen einfach nur eine Unterhaltung mit dem Gruppenmitglied beginnen, reicht **Nachricht an …**. Bei beiden Varianten wird nun ein Chat mit dieser Person geöffnet, in dem Sie wie gewohnt Ihre Nachricht verfassen und mit ➤ senden.

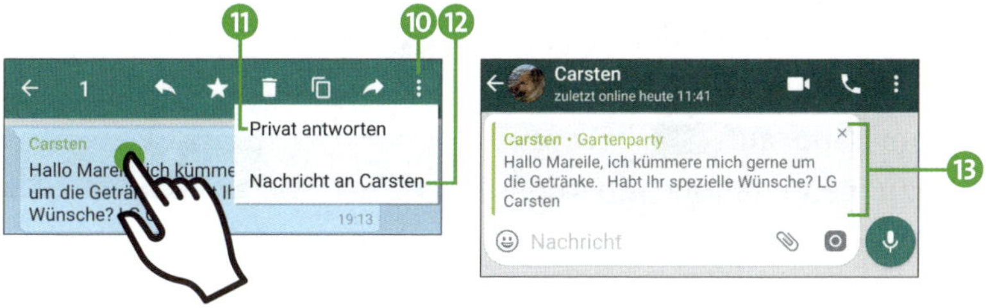

Mitglieder hinzufügen oder ausschließen

Wie zu Beginn des Kapitels erwähnt, können Sie nicht nur beim Erstellen einer Gruppe die Mitglieder auswählen, sondern jederzeit später weitere hinzufügen. Auch das Ausschließen von Mitgliedern – wenn diese sich etwa nicht an die Regeln einer Gruppe halten – ist möglich. Beides – das Hinzufügen und das Ausschließen – ist allerdings nur Gruppenadministratoren gestattet. Verfügen Sie über den Status eines Gruppenadministrators, fügen Sie folgendermaßen ein neues Mitglied hinzu:

1. Rufen Sie die Gruppeninfo auf, indem Sie z. B. in der Chatübersicht auf das Gruppenbild und dann auf das Symbol ⓘ tippen.

2. Blättern Sie auf der Seite nach unten bis zur Teilnehmerübersicht. Während des Blätterns wird übrigens das Gruppenbild zu Beginn der Seite minimiert, bis nur noch der Gruppenname angezeigt wird ❶. Wenn Sie die Person, die Sie der Gruppe hinzufügen möchten, bereits als Kontakt in der Kontakte-App gespeichert haben, tippen Sie auf **Teilnehmer hinzufügen** ❷. Alternativ können Sie auf einem Android-Gerät auch am Seitenanfang auf das Symbol tippen ❸.

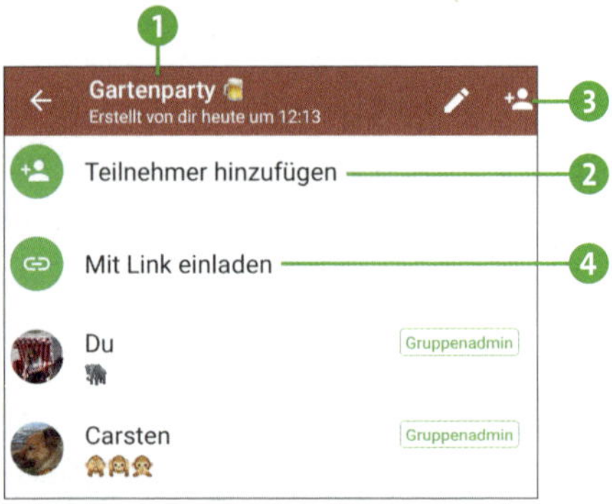

3. In der nun sichtbaren Kontaktliste markieren Sie all die Kontakte, die Sie der Gruppe neu hinzufügen möchten. Mit einem Tipp auf ✓ bzw. auf **Hinzu** beim iPhone übernehmen Sie die Auswahl. Die Personen werden entsprechend informiert.

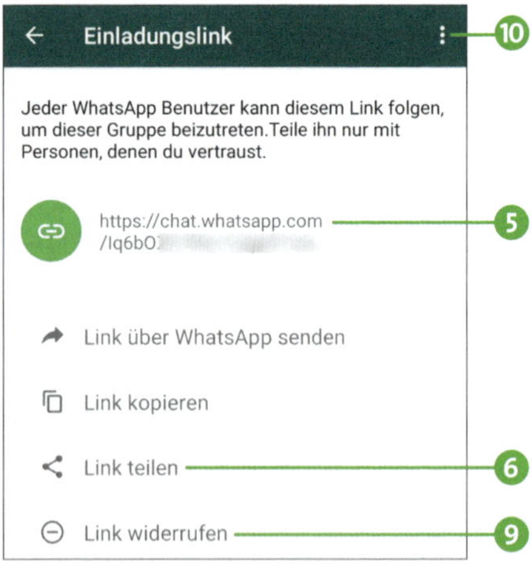

Bei größeren Gruppen, etwa einem Verein, ist es manchmal etwas mühselig, neue Mitglieder über die Kontaktliste auszuwählen. Hinzu kommt, dass man häufig nicht von allen die Mobilfunknummer kennt, geschweige denn alle Adressen auf dem Smartphone gespeichert hat. Für solche Fälle ist es meist bequemer, Mitglieder per Link in die Gruppe einzuladen. Tippen Sie hierzu in der Gruppeninfo auf **Mit Link einladen** ❹.

Auf der folgenden Seite wird nun ein Link für die Gruppe erzeugt ❺. Nach einem Tipp auf **Link teilen** ❻ wählen Sie die App aus, mit der Sie den Link an die Personen schicken, die Sie gerne in die Gruppe einladen möchten. Sie können hier z. B. die App **Nachrichten** ❼ wählen, wenn Sie eine SMS versenden möchten, oder den Link per **E-Mail** ❽ verschicken. Der Empfänger kann nach einem Tipp auf den Link der Gruppe beitreten.

Sowohl der Link als auch der im Kasten unten vorgestellte QR-Code bergen eine gewisse Gefahr, da jeder, der in deren Besitz ist, damit auch problemlos Zutritt zur Gruppe erlangt. Als Gruppenadministrator können Sie den Link und damit auch den QR-Code jederzeit widerrufen, also quasi deaktivieren. Rufen Sie hierzu die Seite **Einladungslink** auf, und tippen Sie hier auf **Link widerrufen** ❾. Nun ist es niemandem mehr möglich, über den Link bzw. den QR-Code Zutritt zur Gruppe zu erlangen.

Per QR-Code zur Gruppe einladen

Eine Alternative oder auch Ergänzung zum Link ist die Verteilung eines QR-Codes (Abkürzung für *Quick Response-Code*, auf Deutsch: »Code zur schnellen Antwort«). Um diesen aus schwarzen und weißen Punkten bestehenden Code zu erzeugen, tippen Sie auf der Seite **Einladungslink** auf das Symbol ⋮ ❿ und dann auf **Gruppen-QR-Code ausdrucken**. Den QR-Code, der nun angezeigt wird, können Sie ausdrucken oder auch als PDF-Datei speichern. Jeder, der diesen QR-Code mit seinem Smartphone scannt, kann nun direkt der Gruppe beitreten.

Wohl jeder wünscht sich Harmonie für und in seiner Gruppe. Doch leider ist diese nicht immer gegeben. Wenn es die Situation erfordert, können Sie als Gruppenadministrator ein Mitglied auch wieder aus

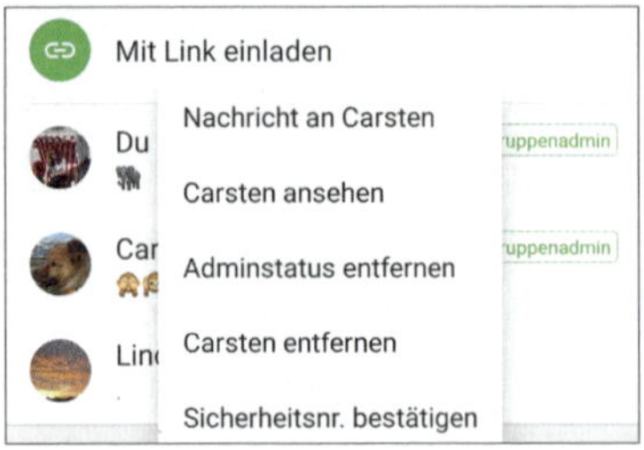

der Gruppe ausschließen. Rufen Sie hierzu die **Gruppeninfo** auf. Blättern Sie auf der Seite bis zur Teilnehmerliste. Halten Sie den Finger auf dem Namen des Mitglieds gedrückt, das Sie aus der Gruppe entfernen möchten. Im aufklappenden Menü wählen Sie nun **… entfernen**.

Wie bereits erwähnt, können nur Gruppenadministratoren Mitglieder hinzufügen und auch wieder entfernen. Dem Gruppengründer kommt hierbei wieder eine besondere Bedeutung zu, da er der Einzige in der Gruppe ist, der nicht von anderen entfernt werden kann.

Und tschüss: Gruppe verlassen und löschen

Haben Sie das Interesse an einer Gruppe verloren und möchten gerne austreten? Oder wurden Sie einer Gruppe hinzugefügt, der Sie gar nicht als Mitglied angehören möchten? Genauso schnell, wie man einer Gruppe hinzugefügt wird, kann man sie selbst auch wieder verlassen. Und das geht so:

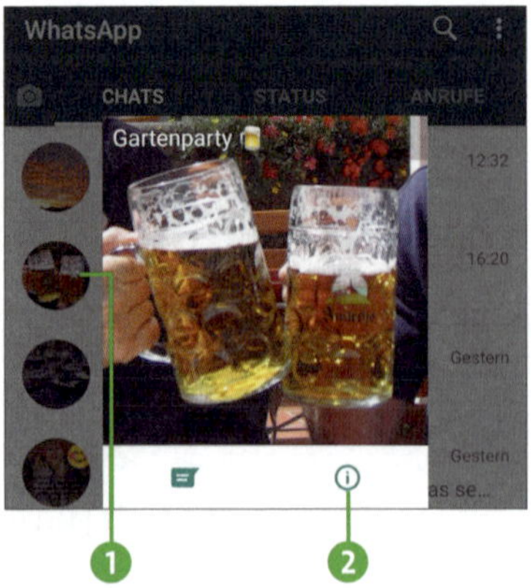

1. Tippen Sie in der Chatübersicht auf das Gruppenbild ❶ der Gruppe, die Sie verlassen möchten. Mit einem Tipp auf das Symbol (i) ❷ rufen Sie die Seite **Gruppeninfo** auf.
2. Blättern Sie auf der Seite ganz nach unten. Tippen Sie hier auf **Gruppe verlassen** ❸.

3. Im folgenden Dialog haben Sie die Möglichkeit, die Gruppe stattdessen stummzuschalten 4 (Sie erhalten damit keine Benachrichtigungen mehr), den Dialog ohne Aktion abzubrechen 5 oder – wie geplant – die Gruppe zu verlassen 6. Letzteres geschieht ohne weitere Sicherheitsabfrage. Sie werden also sofort aus der Gruppe entfernt.

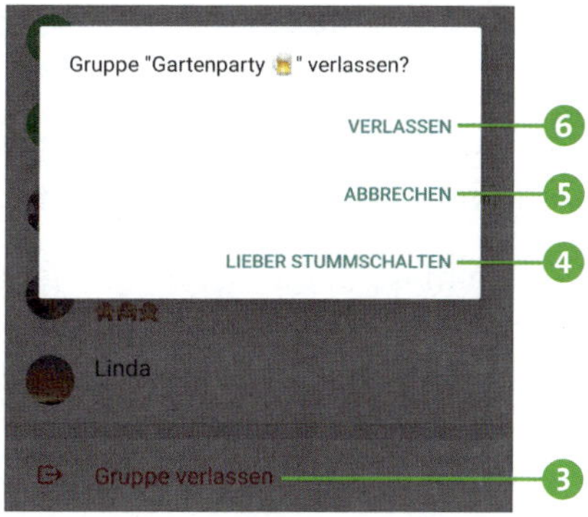

Nachdem Sie eine Gruppe verlassen haben, können die Gruppenadministratoren Sie für eine gewisse Zeit nicht mehr der Gruppe hinzufügen.

Auch wenn Sie nun nicht mehr Gruppenmitglied sind und somit auch keine neuen Gruppennachrichten erhalten: Die Gruppe wird weiterhin in der Chatübersicht von WhatsApp aufgeführt. Als letzte Nachricht erscheint hier der Hinweis, dass Sie die Gruppe verlassen haben. Wenn Sie die Gruppe auch hier entfernen möchten, halten Sie auf einem Android-Smartphone den Finger in der Chatübersicht etwas länger auf dem Gruppennamen gedrückt 1.

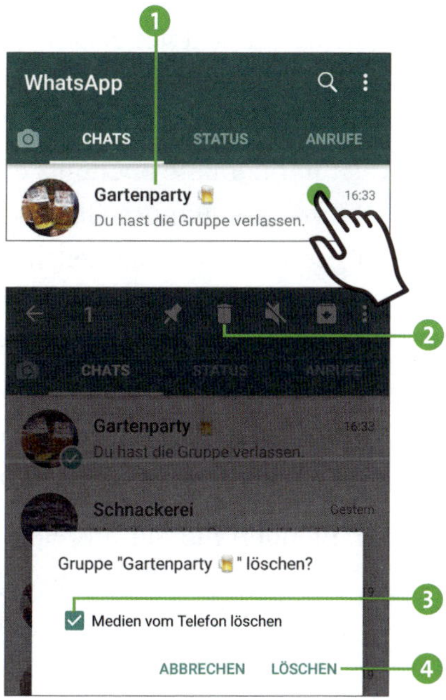

In der Symbolleiste, die beim Android-Smartphone nun am oberen Seitenrand eingeblendet wird, tippen Sie auf das Papierkorbsymbol 2. Sollen mit dem Löschen der Gruppe auch alle Medien wie Fotos oder Dokumente, die über die Gruppe ausgetauscht wurden, vom Smartphone gelöscht werden, belassen Sie das Häkchen vor **Medien vom Telefon löschen** (❸ auf Seite 77). Bestätigen Sie den Dialog mit **Löschen** ❹. Die Gruppe verschwindet damit aus der Chatübersicht.

Beim iPhone wischen Sie über dem Gruppenchat von rechts nach links und wählen nach einem Tipp auf **Mehr** zunächst den Befehl **Chatverlauf leeren** und anschließend den Befehl **Gruppe löschen**.

Sollten Sie der einzige Gruppenadministrator gewesen sein, würde die Gruppe mit Ihrem Ausscheiden nun ohne Administrator dastehen. Damit dies nicht passiert, bestimmt WhatsApp per Zufall einen neuen Gruppenadministrator.

Per Broadcast mit mehreren kommunizieren

Müssen Sie mehrere Personen über eine Terminverschiebung informieren? Oder möchten Sie Freunde auf eine interessante Veranstaltung aufmerksam machen? Auch wenn solche Nachrichten an mehrere Kontakte gesendet werden sollen, wäre das Einrichten einer Gruppe für diese Themen zu aufwendig. Besser geeignet ist hierfür ein Broadcast, mit dem Sie ebenfalls eine Nachricht an mehrere Ihrer Kontakte schicken können. Im Gegensatz zum Gruppenchat erfahren die Empfänger aber nicht, an welche Personen die Meldung geschickt wurde. Sie bekommen also nicht die Namen bzw. Telefonnummern der anderen Kontakte zu Gesicht. Stattdessen erscheint Ihre Nachricht bei den jeweiligen Kontakten im ganz normalen Einzelchat mit Ihnen. Um solch einen Broadcast zu erstellen, gehen Sie folgendermaßen vor:

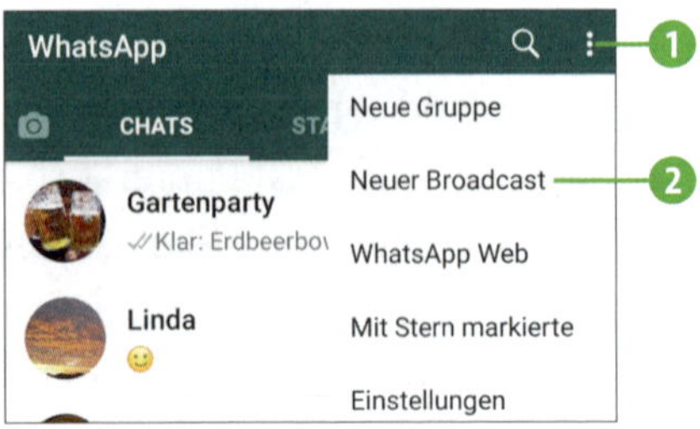

1. Blenden Sie den Bereich **Chats** ein. Tippen Sie hier auf das Symbol ⋮ ❶ und dann auf **Neuer Broadcast** ❷.

Beim iPhone tippen Sie oberhalb der Chatübersicht auf **Broadcasts** 3. Sie erhalten nun eine Übersicht über bereits erstellte Broadcast-Listen, die bei Ihnen vermutlich noch leer ist. Tippen Sie unten auf **Neue Liste**.

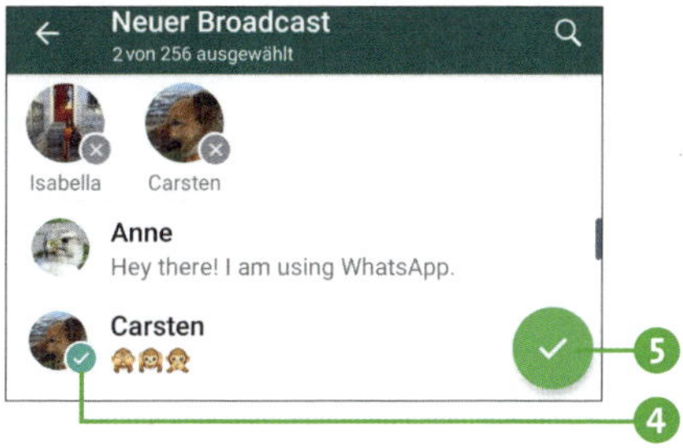

2. Markieren Sie in der folgenden Kontaktliste die Personen, an die Sie Ihre Nachricht verschicken möchten 4 (es müssen mindestens zwei sein). Mit einem Tipp auf das Häkchen 5 bzw. beim iPhone auf **Erstellen** 6 bestätigen Sie die Auswahl.

3. Geben Sie nun wie gewohnt den Nachrichtentext ein. Natürlich können Sie auch Fotos, Videos oder Sprachnachrichten hinzufügen. Mit versenden Sie die Nachricht.

Die Empfänger der Nachricht sehen nicht, dass Ihre Meldung an mehrere Personen gerichtet war. Sollte jemand antworten, wird diese Antwort im Einzelchat mit Ihnen angezeigt. An dem Symbol 7 erkennen Sie, bei welcher Ihrer Nachrichten es sich um eine Broadcast-Mitteilung handelt.

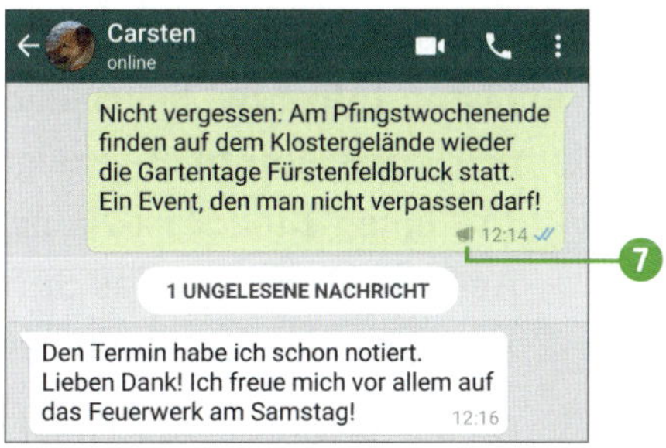

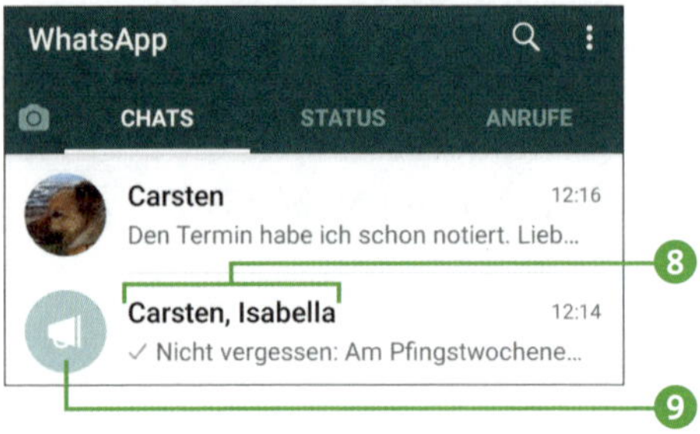

Auf einem Android-Gerät erscheint der Broadcast in der Chatübersicht zunächst mit den Namen der Empfänger ❽. Wenn Sie die Liste auch für spätere Nachrichten nutzen möchten, können Sie ihr einen aussagekräftigeren Namen geben. Sie tun sich damit leichter, den Broadcast-Chat in der Chatübersicht wiederzufinden.

Auf dem iPhone erscheint der Broadcast nicht in der Chatübersicht selbst. Hier müssen Sie erneut **Broadcasts** und in der folgenden Übersicht **Broadcast-Listen** die entsprechende Liste antippen, wenn Sie noch einmal nachschauen möchten, an welche Personen Sie welche gemeinsamen Nachrichten verschickt haben. Die Antworten erhalten Sie aber auch hier in Ihrem Einzelchat.

Um den Namen des Broadcasts zu ändern, gehen Sie folgendermaßen vor:

1. Tippen Sie in der Chatübersicht auf das Symbolbild ❾ des Broadcasts und dann auf das Symbol ⓘ bzw. beim iPhone zunächst auf **Broadcasts** und dann auf das ⓘ hinter der gewünschten Empfängerliste.

2. Es wird die sog. **Broadcast Listen-Info** bzw. beim iPhone die **Listeninfo** angezeigt.

   Um einen Broadcast-Namen zu ergänzen, tippen Sie auf einem Android-Gerät auf das Stiftsymbol rechts von der Empfängeranzahl ❿ und beim iPhone oben auf das Feld **Listenname**.

3. Geben Sie dort einen Titel für den Broadcast ein ⓫, und bestätigen Sie mit **OK** bzw. **Fertig**.

4. Möchten Sie der Liste Empfänger hinzufügen oder vorhandene entfernen? Dies ist nach einem Tipp auf **Empfänger bearbeiten** ⑫ möglich. Beim iPhone tippen Sie dazu in der Listeninfo auf **Liste bearbeiten** ⑬.

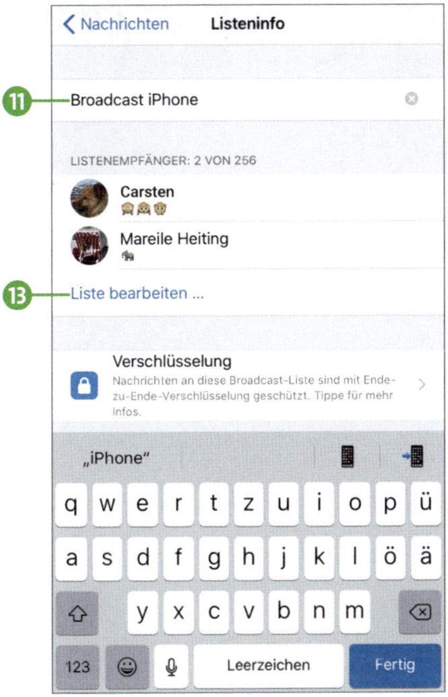

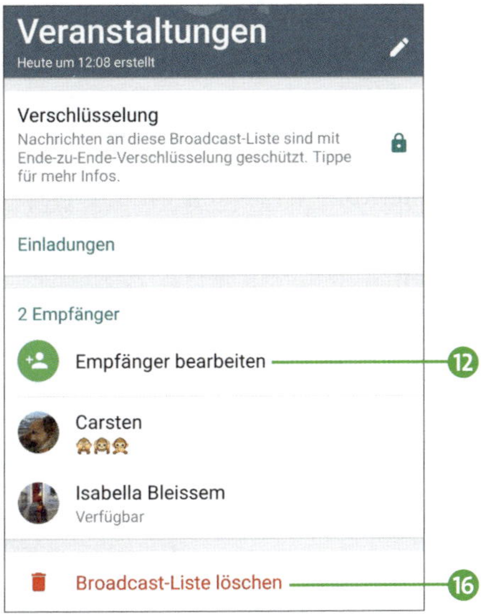

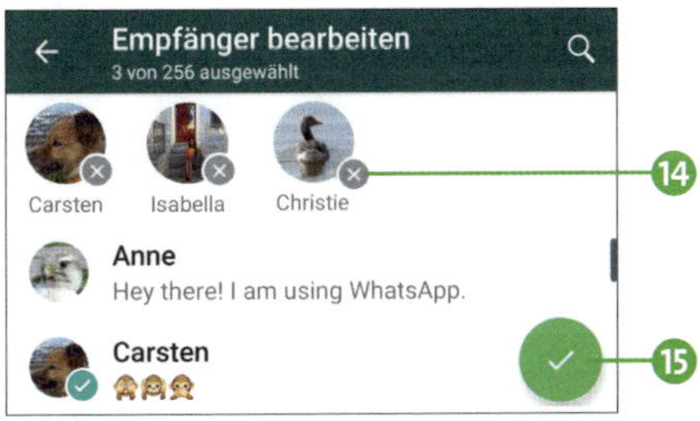

5. Versehen Sie die Kontakte, die Sie neu in die Liste aufnehmen möchten, per Tipp mit einem Häkchen. Um einen Kontakt wieder zu entfernen, tippen Sie am oberen Seitenrand auf das Profilbild der jeweiligen Person ⑭. Mit einem Tipp auf das Häkchen ✓ ⑮ bzw. auf **Fertig** übernehmen Sie Ihre Änderungen.

Wenn Sie den Broadcast nicht mehr benötigen, können Sie ihn mit einem Tipp auf **Broadcast-Liste löschen** ⑯ wieder entfernen. Gegebenenfalls müssen Sie in der Broadcast-Listen-Info etwas nach unten blättern, bis dieser Eintrag sichtbar wird. Bestätigen Sie den Hinweis mit **Löschen**.

Beim iPhone wischen Sie in der Übersicht **Broadcast-Listen** die entsprechende Liste mit einem Finger von rechts nach links, bis rechts die Schaltfläche **Löschen** sichtbar ist. Nach einem Tipp darauf verschwindet die Liste aus der Übersicht.

KAPITEL 5

Mit WhatsApp telefonieren

Textnachrichten, Fotos oder Videos verschicken ist etwas Feines. Manchmal möchte man aber doch ganz gerne auch persönlich mit dem Freund oder Familienmitglied sprechen. Noch schöner ist es, wenn man die Person während eines Telefonats sogar sehen kann. WhatsApp lässt auch diese Wünsche Wirklichkeit werden. Sprach- und Videotelefonate mit bis zu vier Gesprächsteilnehmern sind keinerlei Problem.

Wie bei allen Aktionen in WhatsApp nutzt der Messenger auch für die Telefonate die Internetverbindung. Verwenden alle Gesprächsteilnehmer eine kostenlose WLAN-Verbindung, braucht sich keiner über die Kosten Gedanken zu machen. In diesem Fall ist es sogar unerheblich, ob sich eine der Personen im Ausland befindet oder ob sich zum Zeitpunkt des Telefonats alle in Deutschland bzw. in Österreich oder der Schweiz aufhalten. Bei einer mobilen Datenverbindung sollte man hingegen genau die Klauseln seines Mobilvertrages kennen. Denn die Datenmengen, die während eines Telefonats übertragen werden, sind nicht gering. Bei einem Sprachanruf muss man pro Minute mit fast 1 MB rechnen, bei einem Videotelefonat kommen sogar bis zu 5 MB zusammen. Wer gerne länger telefoniert, hat hier schnell das pro Monat kostenlos zur Verfügung stehende Datenvolumen ausgeschöpft. Je nach Vertrag fallen anschließend entweder zusätzliche Gebühren an, oder der Mobilfunkanbieter drosselt massiv die Übertragungsgeschwindigkeit. Beides mindert gleichermaßen den Spaß am Telefonieren und Chatten.

Informationen zum verbrauchten Datenvolumen

Möchten Sie gerne wissen, welche Datenmengen Sie in diesem Monat bereits über eine mobile Datenverbindung verbraucht haben? Auf einem Android-Smartphone rufen Sie hierzu die Einstellungen-App auf und dort die Kategorien **Verbindungen ▸ Datennutzung**. Auf dem iPhone finden Sie die entsprechenden Informationen in den Einstellungen in der Kategorie **Mobiles Netz**. Wie Sie den Verbrauch von Datenvolumen in WhatsApp geschickt reduzieren können, erfahren Sie im Abschnitt »Datenvolumen im Blick behalten« ab Seite 110.

Kontakte über WhatsApp anrufen

Sie können ein Telefonat in WhatsApp entweder über das Register **Anrufe** starten oder direkt aus einem Chat heraus. Für Letzteres tippen Sie in der Chatübersicht auf die Person, die Sie gerne anrufen möchten ❶. Für einen Sprachanruf reicht dann ein Tipp auf das Telefonhörersymbol ❷. Für einen Videoanruf tippen Sie auf das Videokamerasymbol ❸.

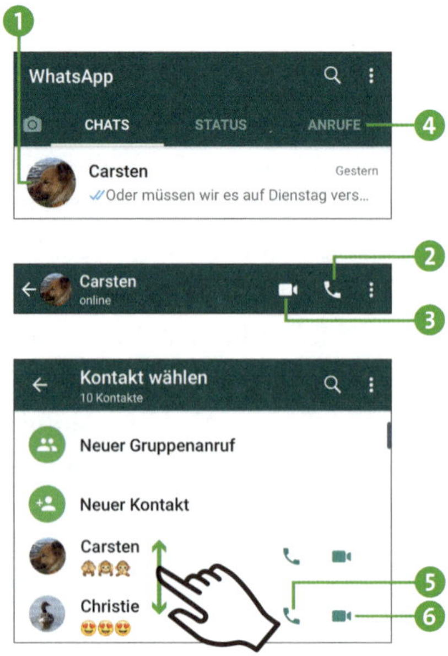

Wenn Sie mit dem Kontakt noch nie gechattet haben, wird auch kein entsprechender Chat in der Chatübersicht angezeigt. In diesem Fall starten Sie den Anruf über das Register **Anrufe** ❹. Tippen Sie hier auf das Symbol. In der folgenden Kontaktliste blättern Sie wie üblich mit einer vertikalen Wischbewegung. Um mit einem Kontakt einen Sprachanruf zu starten, tippen Sie rechts vom Namen auf das Telefonhörersymbol ❺, für den Videoanruf wählen Sie das Videokamerasymbol ❻.

Beim Gesprächsteilnehmer klingelt nun das Smartphone – vorausgesetzt natürlich, sein Gerät ist mit dem Internet verbunden. Zusätzlich zum Klingeln wird auf dem Bildschirm groß der eingehende Anruf signalisiert. Handelt es sich beim Anruf um ein Videotelefonat, wird bereits automatisch die Kamera eingeschaltet. Der Gesprächspartner hat nun drei Möglichkeiten, auf den eingehenden Anruf zu reagieren:

- Um den Anruf kommentarlos abzulehnen, wird der rote Telefonhörer 7 mit dem Finger nach oben gezogen bzw. tippt man beim iPhone auf das weiße Kreuz auf rotem Grund (**Ablehnen**). Beim Anrufenden erscheint hierdurch automatisch wieder die Chat- bzw. die Anrufansicht.
- Wer etwas weniger unhöflich vorgehen möchte, zieht die kleine Sprechblase 8 rechts mit dem Finger nach oben. Auf dem iPhone tippen Sie auf **Nachricht**. Im folgenden Dialog werden einige Optionen aufgelistet, die dem Anrufer mitteilen, warum Sie gerade nicht telefonieren möchten. Ein Tipp auf eine der Optionen, und die entsprechende Textnachricht wird sofort zum Anrufer geschickt. Wenn Sie keine der vorgefertigten Antworten senden möchten, tippen Sie auf **Eigene Antwort schreiben** 9 bzw. beim iPhone auf **Eigene ...**. Hierdurch wird automatisch die Chatansicht eingeblendet, über die Sie wie gewohnt eine Textnachricht verschicken.

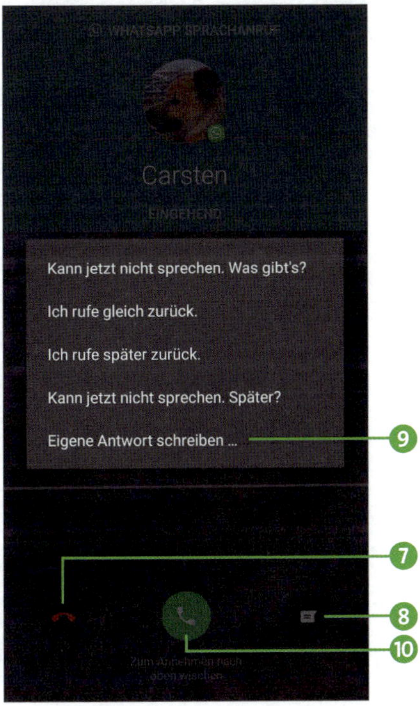

- Möchten Sie das Telefonat gerne annehmen, ziehen Sie den grünen Telefonhörer 10 bzw. im

Falle eines Videotelefonats das blaue Kamerasymbol nach oben (beim iPhone ist die entsprechende Schaltfläche jeweils mit **Annehmen** beschriftet).

Haben Sie sich für ein Videotelefonat entschieden, wird Ihr Gesprächsteilnehmer über den gesamten Bildschirm hinweg angezeigt. Sie selbst sehen sich in einem kleinen Fenster, das Sie mit dem Finger beliebig auf dem Bildschirm verschieben können.

Wenn die Umgebung es erlaubt und Sie niemanden stören, können Sie während eines Sprachtelefonats mit einem Tipp auf das Lautsprechersymbol ❶ den Lautsprecher einschalten. Ein erneuter Tipp auf das Symbol schaltet ihn wieder aus. Führen Sie gerade ein Videotelefonat, steht das Lautsprechersymbol nicht zur Auswahl, da dieses immer mit eingeschaltetem Lautsprecher erfolgt. Hier wird dafür aber ein kleines Kamerasymbol (❷ auf Seite 87) eingeblendet, über das Sie zwischen der Front- und Hauptkamera des Smartphones wechseln können, wenn Sie Ihrem Gesprächspartner z. B. etwas in Ihrer Umgebung zeigen wollen.

Möchten Sie sich kurz mit einer anderen Person unterhalten, ohne dass Ihr Gesprächspartner dabei zuhören kann, tippen Sie auf das Mikrofonsymbol ❸. Um das Telefonat fortzusetzen, ist ein erneuter Tipp auf das Mikrofonsymbol nötig. Bei einem Videotelefonat wird die kleine Symbolleiste am unteren Bildschirmrand übrigens nach einem kurzen Moment wieder ausgeblendet. Mit einer kleinen Wischbewegung holen Sie sie aber schnell wieder auf den Bildschirm zurück.

Wenn das Telefonat als Sprachanruf gestartet wurde, Sie und Ihr Gesprächspartner sich während des Gesprächs dann aber doch gerne sehen möchten, sollte einer von Ihnen auf das Videokamerasymbol ④ tippen und die folgende Frage mit **Wechseln** bestätigen. Bei beiden Gesprächsteilnehmern wird hierdurch automatisch die Kamera des Smartphones aktiviert. Die Gegenseite muss diese Aktion nun noch mit einer Wischbewegung über dem Symbol bestätigen.

Wenn Sie während eines Videotelefonats die Kamera doch lieber wieder ausschalten möchten, tippen Sie auf das Videokamerasymbol ⑤ in der Symbolleiste. Damit wird das letzte Bild quasi eingefroren. Der Gesprächsteilnehmer erhält einen entsprechenden Hinweis, dass die Kamera ausgeschaltet wurde. Mit einem erneuten Tipp auf das Symbol aktivieren Sie die Kamera wieder. Zum Beenden des Gesprächs zieht einer der beiden Gesprächsteilnehmer den roten Telefonhörer ⑥ nach oben.

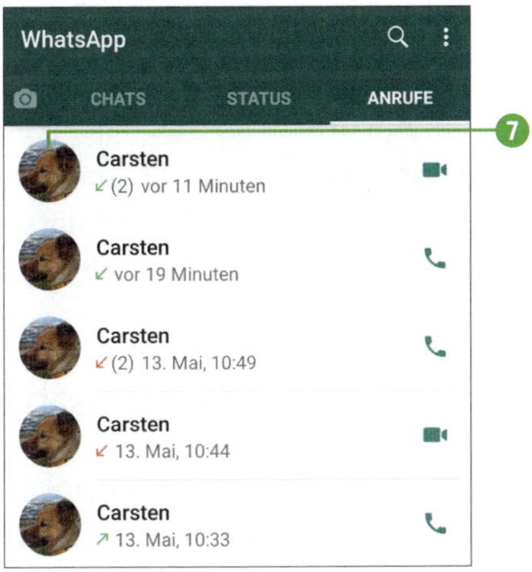

Im Register **Anrufe** können Sie sich eine Übersicht über all Ihre Telefonate ansehen. Tippen Sie auf einen der aufgeführten Einträge ⑦ (beim iPhone tippen Sie bitte rechts auf das **i**-Symbol), erfahren Sie in der Anruf-Info, wie lange das Telefonat gedauert hat ⑧ und wie viele Daten dabei über das Internet übertragen wurden ⑨. Mit einem Tipp auf den Pfeil oben links ⑩ gelangen Sie wieder zur Anrufübersicht zurück.

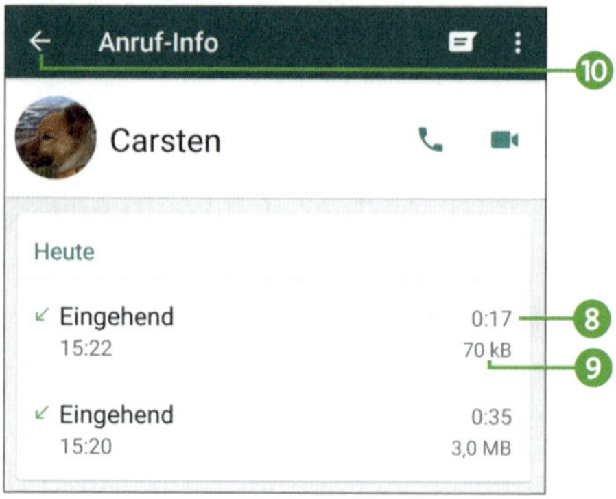

Die von Ihnen gestarteten Anrufe werden auf einem Android-Gerät mit dem Pfeilsymbol gekennzeichnet, eingehende Anrufe hingegen mit dem Symbol . Auch entgangene Anrufe werden in der Übersicht aufgeführt, gut zu erkennen anhand des Pfeils . Auf dem iPhone finden Sie statt der Symbole die Beschriftungen **Ausgehend**, **Eingehend** sowie **Verpasst**.

Konnten Sie ein Gespräch nicht annehmen, wird dies bei einem Android-Smartphone zusätzlich in der Benachrichtigungsleiste angezeigt. Ziehen Sie diese Leiste nach unten, und tippen Sie auf den entgangenen Anruf, wird automatisch WhatsApp mit dem Register **Anrufe** geöffnet. Um den Kontakt zurückzurufen, reicht ein Tipp auf den Telefonhörer bzw. das Videokamerasymbol. Wenn Sie die Anrufliste zwischendurch einmal löschen möchten, tippen Sie auf einem Android-Smartphone oben rechts auf das Symbol ⋮ und dann auf **Anrufliste leeren**. Beim iPhone wählen Sie **Bearbeiten** ▸ **Leeren** ▸ **Fertig**, wenn Sie die gesamte Anrufliste in einem Rutsch leeren möchten. Ein einzelner Eintrag lässt sich mit einer Wischbewegung nach links und einem darauf folgenden Tipp auf **Löschen** entfernen.

Ein Telefonat mit mehreren Kontakten führen

Wünschen Sie sich auch manchmal, mit mehreren Personen gleichzeitig telefonieren zu können? Das würde doch so manch eine Planung von Feiern oder auch Ausflügen sehr vereinfachen. Mit WhatsApp ist dies tatsächlich möglich. Denn Sie können Ihre Telefonate mit bis zu drei weiteren Teilnehmern führen. Für den Start eines solchen Gruppentelefonats stehen Ihnen verschiedene Möglichkeiten zur Auswahl.

Wenn Sie gerade ein Sprach- oder Videotelefonat mit einer Person führen, tippen Sie oben rechts einfach auf das Symbol  1. Es öffnet sich automatisch die Kontaktliste. Ein Tipp auf den gewünschten Kontakt reicht, und schon wird dieser angerufen. Analog können Sie einen weiteren Kontakt hinzufügen, sodass anschließend insgesamt vier Personen miteinander telefonieren.

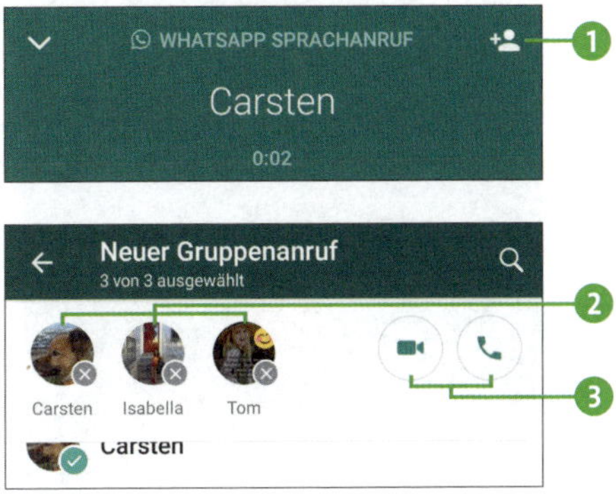

Die zweite Möglichkeit, ein Gruppentelefonat zu beginnen, führt Sie über die Anrufübersicht, die Sie per Tipp auf den Registerreiter **Anrufe** einblenden. Tippen Sie hier auf das Symbol  und auf der folgenden Seite auf **Neuer Gruppenanruf**. Sie können in der Kontaktliste nun maximal drei Personen markieren. Diese werden am oberen Bildschirmrand aufgeführt 2. Mit einem Tipp auf das kleine Kreuzsymbol lässt sich ein Kontakt auch wieder entfernen. Um den Anruf zu starten, tippen Sie auf das Telefonhörer- oder Videokamerasymbol 3. Bei den angerufenen Personen werden ebenfalls alle Gesprächsteilnehmer auf dem Bildschirm angezeigt 4. Wie bei jedem Telefonat steht es natürlich auch hier jedem frei, das Gespräch anzunehmen oder abzulehnen.

Wenn Sie sich aus einem Gruppenanruf ausklinken möchten, ziehen Sie einfach das Symbol des roten Telefonhörers 5 nach oben. Sie können übrigens immer nur Ihre eigene Teilnahme am Gespräch beenden,

es ist also nicht möglich, eine andere Person aus dem Gruppentelefonat auszuschließen.

In der Anrufübersicht erscheint ein Gruppentelefonat als einzelner Eintrag. Tippen Sie diesen an, können Sie wieder alle Kontakte gemeinsam über das Telefon- bzw. Videokamerasymbol anrufen. Möchten Sie zuvor eine der Personen vom Anruf ausschließen, tippen Sie einfach auf das entsprechende Profilbild.

KAPITEL 6

WhatsApp individuell einrichten

Wer darf sehen, wann Sie das letzte Mal online waren? Wie möchten Sie über neu eingegangene Nachrichten informiert werden? In diesem Kapitel erfahren Sie, wie Sie WhatsApp ganz nach Ihren Wünschen einstellen. Los geht es mit dem Profilbild und einer kleinen Info, die Sie selbst festlegen.

Profilbild und Info hinzufügen

Unter welchem Namen ein Freund oder Familienmitglied in Ihrer Kontakte-App und damit auch in WhatsApp aufgeführt wird, legen Sie selbst fest. Wie dies funktioniert, haben Sie bereits im Abschnitt »Kontakte hinzufügen und auswählen« ab Seite 19 gelesen. Welches Profilbild für Ihren Kontakt angezeigt wird, liegt dagegen nicht in Ihren Händen. Denn das bestimmt jeder für sich selbst. Das gilt natürlich auch für Sie persönlich. Um Ihr eigenes Profilbild auszuwählen, gehen Sie folgendermaßen vor:

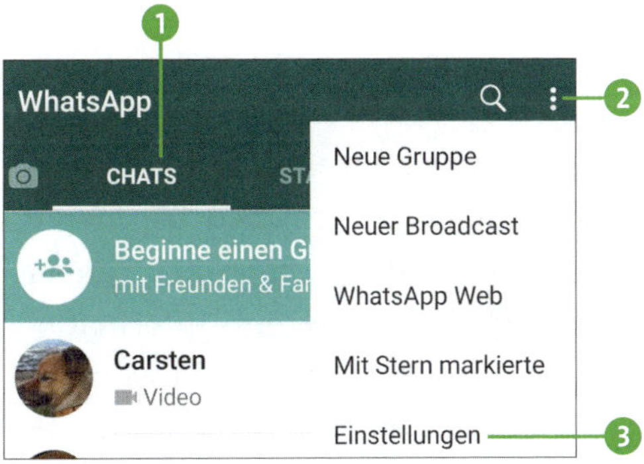

1. Im Register **Chats** ❶ tippen Sie oben rechts auf das Symbol ⋮ ❷ und in der aufklappenden Liste auf **Einstellungen** ❸. Beim iPhone finden Sie die Schaltfläche bereits am unteren Bildschirmrand.

2. Ihren Namen, den Sie am oberen Bildschirmrand sehen, haben Sie bereits bei der Einrichtung von WhatsApp festgelegt. Wenn Sie damals noch kein Profilbild ausgewählt haben, wird links vom Namen lediglich ein Symbolbild eingeblendet. Um nun ein Profilbild auszuwählen, tippen Sie auf Ihren Namen ❹.

3. Auf der folgenden Profilseite tippen Sie auf das kleine Kamerasymbol ❺ bzw. beim iPhone auf **Foto hinzufügen**. Wählen Sie nun aus, ob Sie mit der Kamera ein neues Foto von sich aufnehmen oder aus Ihrer Fotosammlung ein bereits vorhandenes Bild auswählen möchten.

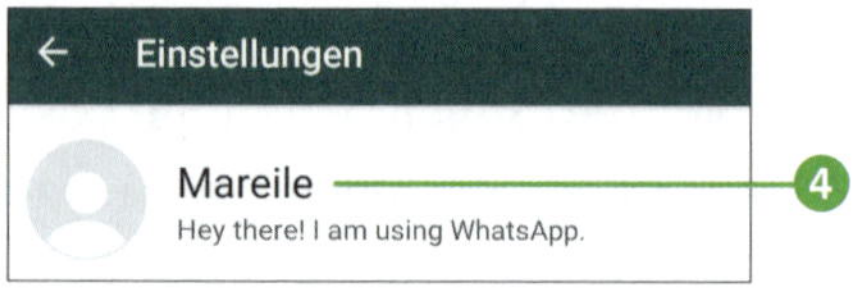

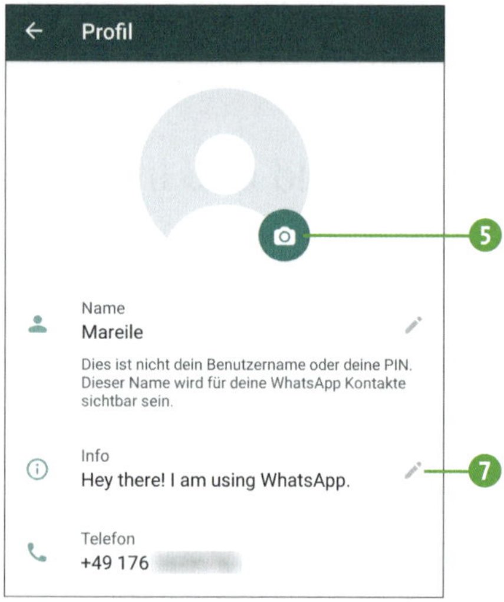

4. Wenn Sie sich für die Kamera entschieden haben, nehmen Sie das Foto wie gewohnt auf. Im Falle der Fotosammlung wechseln Sie zunächst in den Ordner, in dem sich das Bild befindet, und markieren es dann.

5. Legen Sie nun noch den gewünschten Bildausschnitt fest. Nutzen Sie ein Android-Smartphone, verschieben Sie hierzu den Rahmen mit dem Finger ❻. Detailliertere Informationen zum Zuschneiden von Bildern erhalten Sie auf Seite 45 und Seite 46. Beim iPhone finden Sie einen Kreis, den Sie

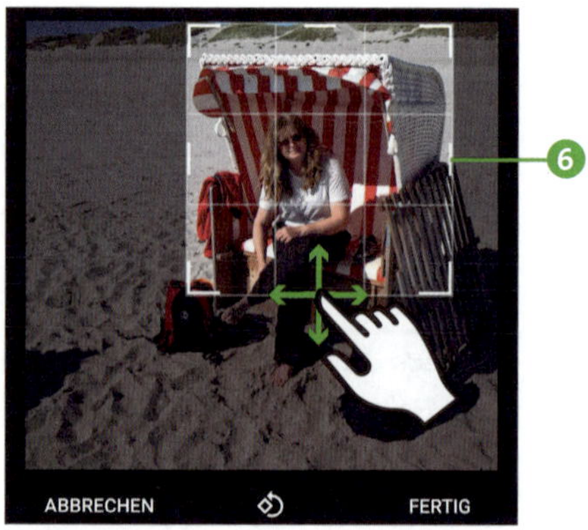

skalieren, also in der Größe ändern, und bewegen können. Sind Sie mit dem Ausschnitt zufrieden, übernehmen Sie ihn mit **Fertig** bzw. **Auswählen**.

Diese wenigen Schritte reichen bereits, und schon erscheint Ihr neues Profilbild bei all Ihren WhatsApp-Kontakten.

Abgesehen vom Bild und von dem Namen, unter dem ein Kontakt auf dem Smartphone gespeichert wurde, wird in der Kontaktliste von WhatsApp eine kleine Info zur Person angezeigt. Auch diese legt jeder für sich selbst fest. Geben Sie nichts anderes vor, zeigt WhatsApp den Text *Hey there! I am using WhatsApp* an. Die Aussage »Hallo! Ich benutze WhatsApp« ist nicht sonderlich fantasievoll. Der Text lässt sich aber schnell folgendermaßen ändern:

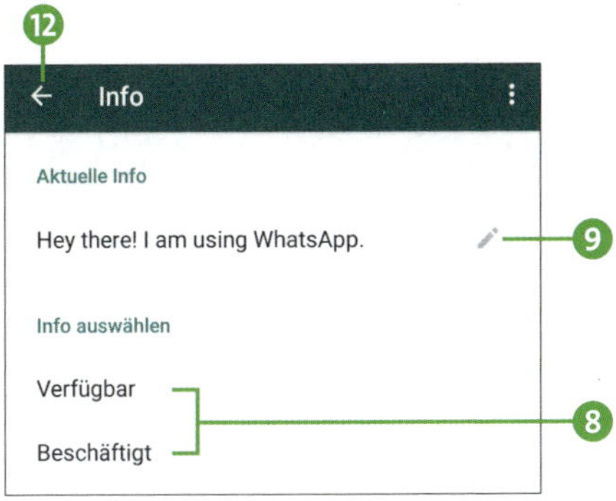

1. Stellen Sie sicher, dass Ihre Profilseite in WhatsApp angezeigt wird, wie in Schritt 1 und 2 ab Seite 91 gezeigt. Tippen Sie rechts von der Zeile **Info** auf das Stiftsymbol 7 bzw. beim iPhone auf den kleinen nach rechts weisenden Pfeil.
2. Auf der folgenden Seite wird nochmals die aktuelle Info angezeigt. Darunter finden Sie einige Vorschläge für einen neuen Infotext. Gefällt Ihnen einer davon, markieren Sie ihn einfach per Tipp 8. Ihre Wahl wird sofort unter **Aktuelle Info** angezeigt. Wenn Sie lieber selbst einen Text eingeben möchten, tippen Sie auf das Stiftsymbol 9 bzw. im Falle eines iPhones auf den nach rechts weisenden Pfeil.
3. Überschreiben Sie den markierten Text nun mit einer eigenen kurzen Info. Viele WhatsApp-Nutzer entscheiden sich an dieser Stelle auch für Emojis 10 (siehe auch den Abschnitt »Emojis und Sticker versenden« ab Seite 28). Da die Angabe einer Info keine Pflicht ist, können Sie die Zeile natürlich auch leer lassen, indem Sie den vor-

handenen Text einfach löschen. Mit einem Tipp auf **Speichern** 11 sichern Sie Ihre Änderungen.

4. Über den Pfeil oben links (12 auf Seite 93) kehren Sie wieder zu Ihrer Profilseite zurück und von dort mit einem Tipp auf den Pfeil zur Einstellungen-Übersicht.

Sie können Ihr Profilbild natürlich jederzeit austauschen, wie im folgenden Kasten »Altes Profilbild speichern, neues auswählen« gezeigt. Dies gilt auch für die Info und Ihren Namen. Letzteres hat, wie gesagt, keine Auswirkung auf die Art und Weise, wie Sie als Kontakt bei anderen WhatsApp-Nutzern erscheinen. Die Änderung Ihres Namens bekommen Sie also nur auf Ihrem eigenen Smartphone in WhatsApp zu sehen.

Altes Profilbild speichern, neues auswählen

Wenn Sie ein neues Profilbild hinterlegen möchten, rufen Sie wie in Schritt 1 und 2 ab Seite 91 gezeigt Ihre Profilseite auf. Halten Sie dort den Finger etwas länger auf Ihrem aktuellen Profilbild gedrückt. Bei älteren Android-Versionen reicht ein Tipp auf das Profilbild. Bevor Sie ein neues Foto auswählen, können Sie das alte speichern. Verzichten Sie darauf, wird das alte Bild einfach gelöscht. Um es aufzubewahren, tippen Sie auf und im folgenden Dialog auf **In Galerie speichern** (in älteren Android-Versionen:). Nach einem Tipp auf das Symbol können Sie in der **Galerie** ein neues Bild auswählen, mit der **Kamera** ein Foto aufnehmen oder das aktuelle **Bild entfernen**. Letzteres müssen Sie mit **Entfernen** bestätigen. In diesem Fall erscheint wieder das Symbolbild. Alle gespeicherten alten Profilbilder finden Sie in der Galerie-App im Ordner **WhatsApp Profile Photos**. Beim iPhone tippen Sie unterhalb Ihres Profilbildes auf **Bearbeiten** und auf der folgenden Seite unten links auf das Symbol . Wählen Sie im Menü **Bild sichern**. Tippen Sie oben rechts auf **Bearbeiten**, und wählen Sie im Menü **Foto löschen**, **Foto aufnehmen** oder **Foto auswählen**.

Statusinformationen ergänzen

Das Profilbild und die Info werden so lange bei Ihren Kontakten angezeigt, bis Sie ein neues Bild bzw. einen neuen Text auswählen. Manche WhatsApp-Anwender nutzen beides, um all ihre Kontakte über Neuigkeiten zu informieren. Dafür gibt es aber noch einen anderen Weg: den *Status*, für den WhatsApp sogar einen eigenen Bereich vorsieht. Als Statusmeldung können Sie Texte, Fotos und Videos veröffentlichen, die sich Ihre Kontakte für maximal 24 Stunden ansehen können. Nach Ablauf der 24 Stunden löscht WhatsApp die Meldung automatisch. Sie können sie aber auch vorher beenden. Ebenso liegt es in Ihren Händen, zu bestimmen, welcher Ihrer Kontakte sich überhaupt die Statusmeldung ansehen darf.

Sowohl Ihr eigener Status als auch der Ihrer Kontakte wird im Register **Status** angezeigt. Sind hier neue Informationen verfügbar, erscheint im Registerreiter ein kleiner Punkt 1. Um sich die neuen Statusmeldungen anzusehen oder eine eigene zu veröffentlichen, wechseln Sie in das Register **Status**.

Im oberen Bereich der folgenden Seite wird Ihr eigener Status angezeigt 2, in der unteren Hälfte finden Sie die Meldungen Ihrer Kontakte 3. Ist dieser Bereich bei Ihnen leer, hat keiner Ihrer Kontakte eine Statusmeldung abgegeben bzw. seine Meldung für Sie freigegeben. Vorhandene Meldungen wie Text, Foto oder auch ein Video werden ähnlich einem Profilbild in einem kleinen Kreis angezeigt 4. Ein Tipp hierauf, und Sie sehen die Meldung in ganzer Schönheit. Hat

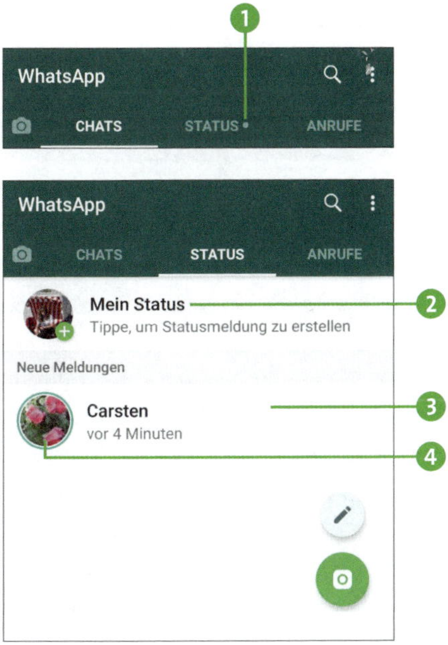

die Person nicht nur eine, sondern gleich mehrere Meldungen erstellt, werden diese nacheinander eingeblendet. Der Wechsel erfolgt recht zügig. Wurden alle Meldungen eingeblendet, kehrt WhatsApp automatisch wieder zur Statusübersicht zurück.

Wenn Sie möchten, können Sie dem Kontakt einen Kommentar zu seiner Statusmeldung schicken. Wischen Sie hierzu in der Meldung von unten nach oben.

Bei Ihrer Antwort kann es sich um Text 5, ein Emoji 6, eine Datei 7, ein Foto bzw. Video 8 oder auch eine Sprachnachricht 9 handeln. Über den Pfeil oben links (siehe 10 unten) kehren Sie wieder zur Statusübersicht zurück. Die Antwort auf eine Statusmeldung erscheint bei der Person im Chat mit Ihnen, wobei die Statusmeldung als Zitat mit aufgeführt wird.

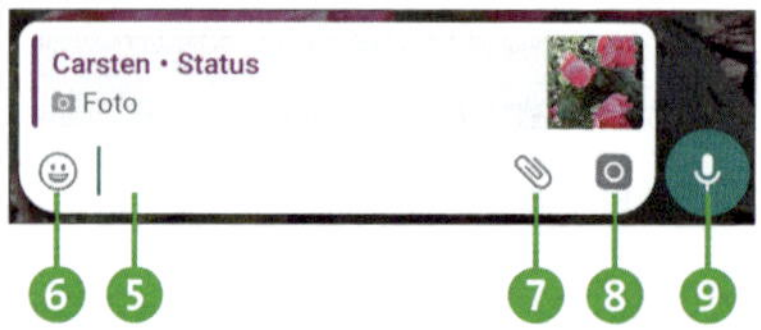

Statusmeldung stummschalten

Manche Menschen übertreiben es mit Statusmeldungen. Wenn Sie nicht bei jeder Meldung eine entsprechende Benachrichtigung im Registerreiter **Status** wünschen, schalten Sie die Statusmeldung des Kontakts einfach stumm. Tippen Sie hierzu in der Statusmeldung auf die drei Punkte rechts vom Namen 11 und dann auf **Stumm**. Auf die gleiche Weise können Sie die Stummschaltung auch wieder aufheben. In diesem Fall erscheint als Schaltfläche **Stumm aus**. Bei einem Android-Smartphone müssen Sie übrigens nicht extra die Statusmeldung einblenden. Halten Sie in der Statusübersicht einfach den Finger etwas länger auf dem Namen. Im aufklappenden Dialog finden Sie nun die Schaltfläche **Stumm** bzw. **Stumm aus**.

Wenn Sie selbst eine Statusmeldung erstellen möchten, gehen Sie folgendermaßen vor:

1. Blenden Sie mit einem Tipp auf den Registerreiter den Bereich **Status** ein.
2. Wenn Sie einen kurzen Text veröffentlichen möchten, tippen Sie auf das Stiftsymbol .
3. Geben Sie den gewünschten Text ein ❶. Nach einem Tipp auf das Smiley-Symbol ❷ können Sie ein Emoji hinzufügen.
4. Über das Textsymbol ❸ lässt sich die Schriftart verändern, über die Farbpalette ❹ die Hintergrundfarbe. Jeder erneute Tipp auf das Symbol verändert die Schriftart bzw. die Hintergrundfarbe.

5. Sind Sie mit Ihrer Statusmeldung zufrieden, veröffentlichen Sie sie mit einem Tipp auf ❺. Es wird wieder die Statusübersicht angezeigt, in der Sie oben nun Ihre eigene Meldung vorfinden.

Wenn Sie lieber ein Foto oder Video als Statusmeldung senden möchten, gehen Sie folgendermaßen vor:

1. Tippen Sie in der Statusübersicht auf das Kamerasymbol .
2. Sie können nun entweder ein Foto oder ein Video aufnehmen (das Vorgehen hierfür wurde bereits im Abschnitt »Kameraaufnahmen verschicken« ab Sei-

te 43 gezeigt) oder eine bereits vorhandene Aufnahme auswählen. Für Letzteres ziehen Sie auf einem Android-Gerät einfach die Leiste mit den Vorschaubildern (6 auf Seite 97) nach oben, auf dem iPhone reicht ein Tipp auf das Symbol der Foto- und Videomediathek unten links.

3. Markieren Sie in der folgenden Übersicht das gewünschte Bild.
4. Sobald Sie ein Bild ausgewählt haben, können Sie es wie gewohnt zuschneiden, mit Emojis, Text oder einer eigenen Zeichnung versehen und eine Bildunterschrift hinzufügen. Über das Symbol 7 bzw. beim iPhone über das Symbol wählen Sie weitere Aufnahmen für die Statusmeldung aus. Wie all dies funktioniert, haben Sie bereits im Abschnitt »Bildmaterial vor dem Versand bearbeiten« ab Seite 45 kennengelernt.
5. Mit einem Tipp auf das Symbol 8 veröffentlichen Sie Ihre Bildauswahl als Statusmeldung.

Wenn Sie nichts anderes vorgeben, kann sich jeder Ihrer WhatsApp-Kontakte Ihre Statusmeldung ansehen. Möchten Sie den Personenkreis lieber einschränken, tippen Sie in der Statusübersicht auf die drei kleinen senkrecht angeordneten Punkte oben rechts 1. Im aufklappenden Menü wählen

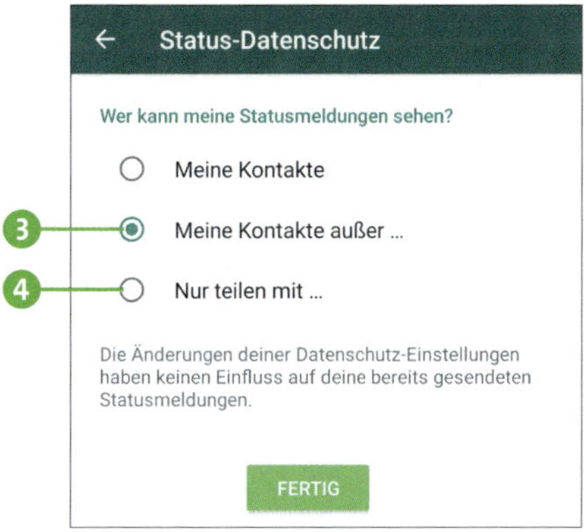

Sie **Status-Datenschutz** 2. Beim iPhone tippen Sie auf der Seite **Status** oben auf **Datenschutz**.

Ob Sie nun festlegen, welche Kontakte die Statusmeldung nicht sehen dürfen oder umgekehrt explizit auswählen, bei wem sie angezeigt wird, kommt auf die Größe Ihrer Kontaktliste an. Wenn Sie nur wenige Personen vom Betrachten der Meldung ausschließen möchten, sollten Sie die Option **Meine Kontakte außer ...** 3 wählen. Soll die Statusmeldung hingegen nur für eine kleine Personenauswahl sichtbar sein, aktivieren Sie die Option **Nur teilen mit ...** 4.

In der folgenden Kontaktliste markieren Sie jeweils per Tipp die Person(en), für die die ausgewählte Regel gelten soll. Zur Bestätigung tippen Sie dann auf das Häkchen und anschließend auf **Fertig**.

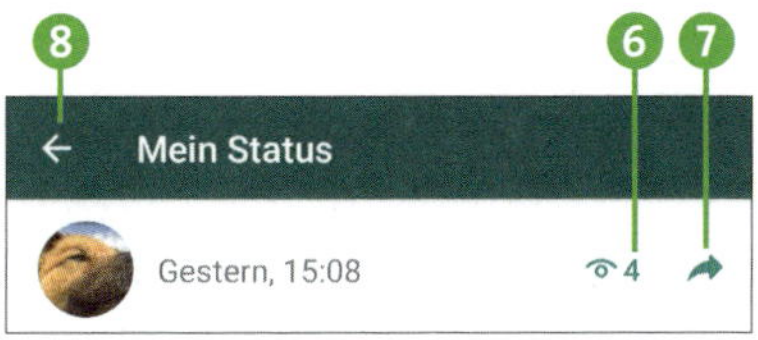

Interessiert es Sie, wer sich Ihre Statusmeldung angesehen hat? Dann tippen Sie auf einem Android-Gerät zunächst rechts von Ihrer Meldung auf die drei horizontal angeordneten Punkte (5 auf Seite 98). Auf der folgenden Seite zeigt die Ziffer neben dem Augensymbol 6 die Anzahl der Personen an, die bereits einen Blick auf die Meldung geworfen haben. Nach einem Tipp auf das Symbol erfahren Sie, wer dies im Einzelnen war. Über das Pfeilsymbol 7 können Sie eine Statusmeldung auch an andere Personen weiterleiten. Über das Pfeilsymbol oben links 8 kehren Sie zur Statusübersicht zurück.

Ihre Kontakte haben insgesamt 24 Stunden Zeit, sich Ihre Statusmeldung anzusehen. Anschließend löscht WhatsApp sie automatisch. Wenn Sie die Anzeige bereits vorher beenden möchten, gehen Sie folgendermaßen vor:

1. Auf einem Android-Smartphone tippen Sie in der Statusübersicht auf die drei kleinen horizontal angeordneten Punkte ••• (siehe 5 auf Seite 98) rechts von Ihrer Meldung. Nutzen Sie ein iPhone, tippen Sie stattdessen auf **Bearbeiten**.

2. Auf der Seite **Mein Status** halten Sie im Falle eines Android-Geräts den Finger etwas länger auf der zu entfernenden Meldung gedrückt 9. In der Symbolleiste oben wird nun ein Papierkorbsymbol eingeblendet, auf das Sie tippen 10. Beim iPhone reicht ein Tipp auf die Statusmeldung und dann auf **Löschen**.

3. Mit einem Tipp auf **Löschen** (iPhone: **Statusmeldung löschen**) bestätigen Sie den Hinweis.

Datenschutzeinstellungen anpassen

WhatsApp reicht zunächst recht freizügig diverse Informationen weiter. So können Sie z. B. genau nachvollziehen, wann ein bestimmter Kontakt das letzte Mal online war, oder auch, ob und wann eine Nachricht gelesen wurde. Wo Sie diese Informationen finden, haben Sie bereits im Abschnitt »Interessante Informationen rund um Chats« ab Seite 35 gelesen. Umgekehrt haben natürlich auch Ihre Kontakte Einblick in Ihre WhatsApp-Aktivitäten. Wenn Sie selbst bestimmen möchten, wer welche Informationen über Sie erhält, gehen Sie folgendermaßen vor:

1. Nutzen Sie ein iPhone, tippen Sie in der Leiste am unteren Bildschirmrand auf **Einstellungen**. Auf einem Android-Smartphone müssen Sie zunächst auf das Symbol ⋮ ❶ oben rechts tippen und dann **Einstellungen** ❷ wählen.
2. Tippen Sie nacheinander auf **Account** ❸ ▸ **Datenschutz**.
3. Per Standardeinstellung kann jeder WhatsApp-Nutzer sehen, wann Sie das letzte Mal die App genutzt haben. Sind Sie der Meinung, dass dies niemanden etwas angeht, tippen Sie auf **Zuletzt online** ❹.
4. Im folgenden Dialog legen Sie durch Antippen der gewünschten Option fest, ob **Jeder**, nur **Meine Kontakte** (also Ihre Kontakte) oder **Niemand** sehen darf, wann Sie online waren. Entscheiden Sie sich für **Niemand**, erfahren auch Sie umgekehrt nicht, wann Ihre Kontakte wiederum online waren.
5. Zurück auf der Seite **Datenschutz**, bestimmen Sie nun, wer Ihr Profilbild zu Gesicht bekommt. Auch hier stehen Ihnen

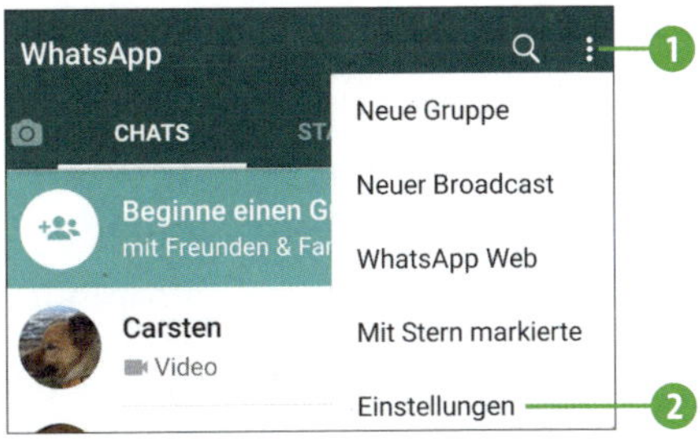

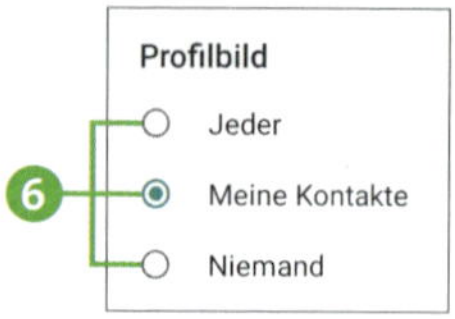

nach einem Tipp auf **Profilbild** ⑤ die drei Optionen **Jeder**, **Meine Kontakte** sowie **Niemand** ⑥ zur Auswahl. Entscheiden Sie sich hier für **Niemand**, wird bei Ihren Kontakten für Sie statt des Profilbildes wieder das Symbolbild angezeigt.

6. Wiederholen Sie dieses Vorgehen auch für die **Info** ⑦ und den **Status** ⑧. Die Einstellungen, die Sie unter **Status** vornehmen können, entsprechen übrigens denen, die Sie auch über den **Status-Datenschutz** im Register **Status** festlegen (siehe den Abschnitt »Statusinformationen ergänzen« ab Seite 95).

7. Ein doppeltes blaues Häkchen zeigt dem Absender im Chat sofort, dass seine Nachricht gelesen wurde. Möchten Sie nicht, dass Ihre Kontakte eine derartige Lesebestätigung erhalten, sobald Sie eine Nachricht angesehen haben? Dann tippen Sie auf der Seite **Datenschutz** in den Einstellungen auf den Schieberegler rechts von **Lesebestätigungen** ⑨. Er ist nun nicht mehr farbig, sondern grau gefärbt. Solange Sie die Lesebestätigungen deaktiviert haben, werden Sie umgekehrt ebenfalls nicht mehr darüber informiert, ob einer Ihrer Kontakte Ihre Nachrichten angesehen hat. Wenn Sie die Lesebestätigungen später doch wieder einschalten möchten, tippen Sie einfach erneut auf den Regler.

8. Teilen Sie im Rahmen eines Chats einem Kontakt gerade Ihren Live-Standort mit? Die Übertragung können Sie entweder im Chat selbst beenden, wie im Kasten »Vorsicht beim Teilen des Live-Standortes« auf Seite 60 gezeigt, Sie können aber auch den Weg über die Seite **Datenschutz** wählen. Tippen Sie hier auf **Live-Standort** ⑩ und dann auf **Teilen beenden**, und schon wird dem Kontakt Ihr aktueller Standort nicht mehr mitgeteilt.

Informationen zur Einstellungsmöglichkeit **Blockierte Kontakte** ⑪ erhalten Sie im Abschnitt »Was tun, wenn Sie einen Kontakt blockieren möchten?« ab Seite 133. Über das Pfeilsymbol oben links ⑫ kehren Sie von der Seite **Datenschutz** wieder zur Seite **Account** und von dort zu den **Einstellungen** zurück. Wenn Sie von hier aus wieder die Chatübersicht von WhatsApp einblenden möchten, reicht ebenfalls ein Tipp auf den Pfeil oben links bzw. beim iPhone auf das Register **Chats**.

Worauf WhatsApp zugreifen darf: Berechtigungen einschränken

Während der Installation von WhatsApp mussten Sie der App zwangsläufig eine Vielzahl an Zugriffen erteilen, um die Anwendung überhaupt installieren zu können. Manches, wie etwa der Zugriff auf die Kontakte-App, ist nachvollziehbar. Denn wenn Sie WhatsApp hier die Erlaubnis entzögen, könnten Sie schlichtweg keine Nachrichten an Kontakte versenden. Manch ein Zugriff mag aber für Sie speziell nicht nötig sein. Tauschen Sie mit Ihren Freunden und Familienmitgliedern z. B. keine Standortinformationen aus, muss WhatsApp auch nicht auf den Standort zugreifen dürfen. Um die Berechtigungen, die Sie WhatsApp einmal erteilt haben, Ihren Bedürfnissen entsprechend anzupassen, rufen Sie die Einstellungen-App auf Ihrem Smartphone (nicht die Einstellungen in WhatsApp!) auf. Auf einem Android-Smartphone tippen Sie dann auf **Apps ▸ WhatsApp**. Nach einem Tipp auf **Berechtigungen** werden alle Apps aufgelistet, auf die WhatsApp zugreifen kann. Ein grüner Schieberegler zeigt, dass der Zugriff erteilt wurde, ein grauer ist das Zeichen für einen verwehrten Zugriff. Per Tipp auf einen Eintrag, etwa **Standort**, ändern Sie die Zugriffsberechtigung. Benötigen Sie nähere Informationen zu den einzelnen Berechtigungen, tippen Sie auf die drei kleinen Punkte oben rechts und dann auf **Alle Berechtigungen**. Sobald Sie in der Liste einen Eintrag antippen, wird in einem kleinen Dialogfenster eine ausführliche Erklärung zur Berechtigung angezeigt. Über den Pfeil oben links kehren Sie wieder zu den Berechtigungen zurück. Beim iPhone tippen Sie gleich nach dem Öffnen der Einstellungen-App auf **WhatsApp** (da es alphabetisch relativ weit unten eingeordnet ist, müssen Sie nach oben wischen, um dorthin zu gelangen). In der folgenden Übersicht finden Sie teilweise ebenfalls Schieberegler, über die Sie den Zugriff steuern können. Bei manchen Einträgen haben Sie aber auch eine Auswahlmöglichkeit.

Benachrichtigungen individuell einstellen

WhatsApp informiert Sie auf vielseitige Weise über das Eintreffen neuer Nachrichten. Das beginnt bereits auf dem Sperrbildschirm, auf dem ein entsprechendes sog. *Pop-up*, also ein eigenes Fenster, erscheint, und reicht von der Benachrichtigungsleiste über das WhatsApp-Icon auf der Startseite des Smartphones bis hin zur Chatübersicht in WhatsApp selbst. Eine Benachrichtigung kann in Form von Text oder eines Symbols, aber auch eines Klingeltons erfolgen. Sie können dabei selbst entscheiden, welche Variante Sie vorziehen. Es ist sogar möglich, den einzelnen Kontakten individuelle Benachrichtigungen zuzuordnen. So lässt sich dann z. B. direkt am Klingelton erkennen, wenn ein bestimmtes Familienmitglied sich bei Ihnen meldet. Um die Benachrichtigungen individuell einzustellen, gehen Sie auf einem Android-Smartphone wie folgt beschrieben vor (für das iPhone siehe bitte ab Seite 106 unten):

1. Rufen Sie nach einem Tipp auf das Symbol ⋮ oben rechts die **Einstellungen** und auf der folgenden Seite die **Benachrichtigungen** auf.

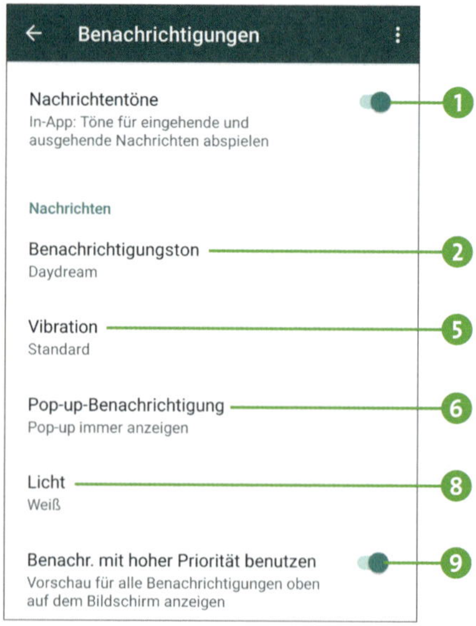

2. Selbst wenn Sie WhatsApp bereits geöffnet haben, informiert Sie die App über alle erhaltenen Nachrichten. Benötigen Sie die Benachrichtigungen nicht, deaktivieren Sie die **Nachrichtentöne** 1 mit einem Tipp auf den Schieberegler rechts. Ein erneuter Tipp darauf aktiviert die Funktion wieder.

3. Damit Ihnen keine Nachricht entgeht, auch wenn Sie WhatsApp gerade nicht nutzen, ertönt bei einer neu eintreffen-

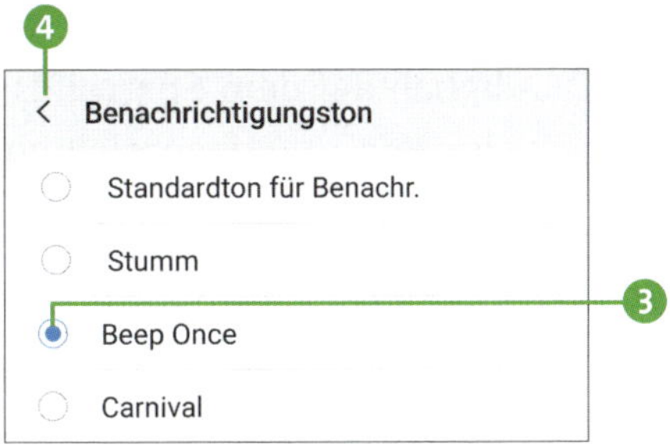

den Nachricht ein kurzer Ton. Gefällt Ihnen der Standardton nicht, tippen Sie im Bereich **Nachrichten** auf **Benachrichtigungston** ❷. Nach einem Tipp auf einen der Klingeltöne in der folgenden Liste wird der Ton kurz abgespielt. Markieren Sie den gewünschten Klingelton ❸, und kehren Sie über den Pfeil oben links ❹ wieder zur Seite **Benachrichtigungen** zurück.

4. Beim Eintreffen einer Nachricht vibriert das Smartphone kurz. Damit entgeht Ihnen eine Nachricht in einer lauten Umgebung z. B. auch dann nicht, wenn Sie den Lautsprecher des Smartphones sehr leise eingestellt haben. Nach einem Tipp auf **Vibration** ❺ haben Sie die Möglichkeit, diese auszuschalten oder alternativ die Dauer zu ändern.

5. Als **Pop-up-Benachrichtigungen** werden die Hinweisfenster bezeichnet, die auf dem Bildschirm – sowohl bei aktiviertem Sperrbildschirm als auch bei eingeschaltetem Bildschirm – beim Eintreffen einer Nachricht erscheinen. Gerade die Hinweise auf einem Sperrbildschirm sind durchaus mit Vorsicht zu genießen, denn in diesem Fall kann jeder in Ihrer Umgebung einen Blick auf die Nachricht werfen. Um die Einstellung zu ändern, tippen Sie auf den Eintrag ❻ und wählen eine der vier Optionen ❼ aus. Entscheiden Sie sich für **Kein Pop-up**, wenn Sie keinerlei Hinweis wünschen. Soll das Pop-up-Fenster nur bei eingeschaltetem Bildschirm erscheinen, wählen Sie **Nur wenn Bildschirm "an"**. Mit **Nur wenn Bildschirm "aus"** wiederum wird der Hinweis le-

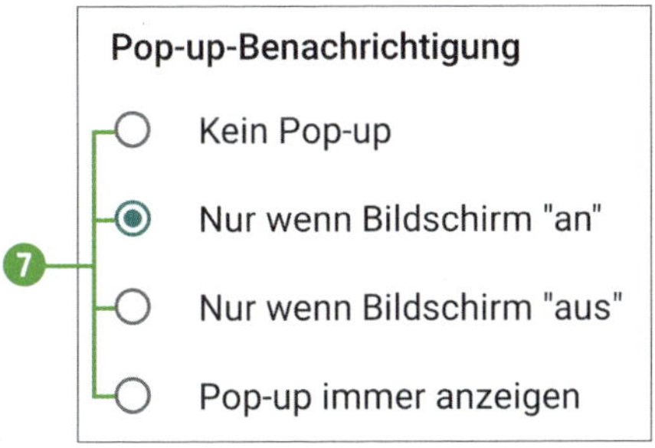

diglich auf dem Sperrbildschirm eingeblendet. Wollen Sie immer eine Pop-up-Benachrichtigung erhalten, markieren Sie die Option **Pop-up immer anzeigen**.

6. Auf vielen Android-Geräten zeigt das Aufleuchten des LED-Lichts den Eingang einer neuen Nachricht an. Nach einem Tipp auf **Licht** (8 auf Seite 104) können Sie den Farbton für die WhatsApp-Nachrichten wählen. Ob die Farbauswahl tatsächlich auch übernommen wird, ist allerdings von Gerät zu Gerät unterschiedlich.
7. Damit WhatsApp-Benachrichtigungen ganz zu Beginn der Benachrichtigungsleiste am oberen Bildschirmrand angezeigt werden, muss **Benachrichtigungen mit hoher Priorität benutzen** (9 auf Seite 104) aktiviert sein.

Blättern Sie auf der Seite **Benachrichtigungen** nach unten, gelangen Sie zum Bereich **Gruppen** 10. Hier können Sie alle zuvor für die Nachrichten vorgestellten Einstellungen explizit für Ihre Gruppen anpassen.

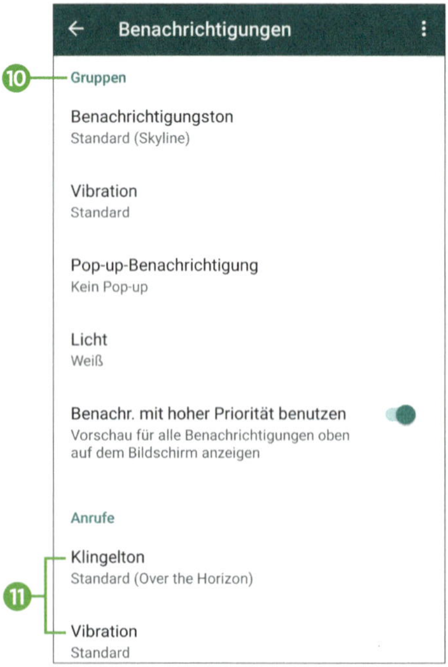

Vor allem bei Gruppen mit vielen Mitgliedern ist es z.B. durchaus angenehm, den Benachrichtigungston ganz auszuschalten, um nicht im Minutentakt auf eingehende Nachrichten aufmerksam gemacht zu werden. Etwas weiter unten auf der Seite können Sie außerdem für **Anrufe** den Klingelton und die Vibrationseinstellung 11 ändern.

Auf dem iPhone nehmen Sie die Benachrichtigungseinstellungen in WhatsApp nach einem Tipp auf das Register **Einstellungen** und dann auf **Mitteilungen** 12 vor. Mithilfe der Schieberegler

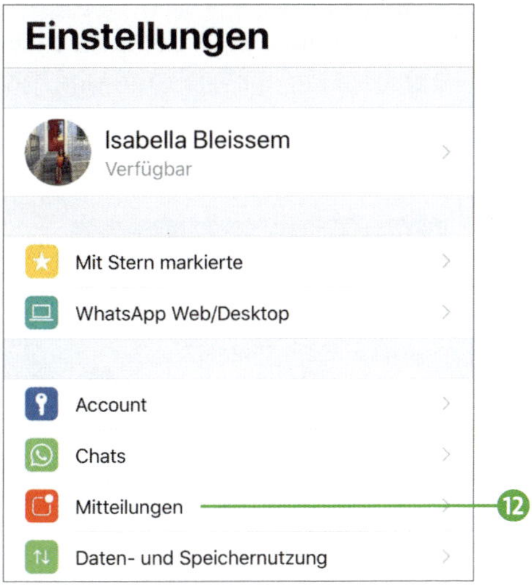

legen Sie fest, ob eingehende Nachrichten und Gruppenmitteilungen überhaupt angezeigt werden sollen. Wenn Sie eine Benachrichtigung wünschen, können Sie jeweils nach einem Tipp auf **Ton** den Benachrichtigungston auswählen. Tippen Sie auf **In-App-Mitteilungen**, um festzulegen, in welcher Form WhatsApp neue Nachrichten ankündigen soll, wenn die App geöffnet ist. Sie können nun zwischen **Keine** (Sie erhalten dann also keine Benachrichtigung), einem **Banner**, das am oberen Bildschirmrand erscheint, und **Meldungen** (also einem Pop-up-Fenster) wählen. Während das Banner nach einem kurzen Moment bereits wieder ausgeblendet wird, müssen Sie das Pop-up-Fenster entweder mit **Abbrechen** ausblenden oder über **Öffnen** zur neuen Nachricht wechseln. Da es beim iPhone kein LED-Licht gibt, das durch farbiges Blinken auf eine eingegangene Nachricht aufmerksam macht, fehlt dort die Einstellung **Licht** natürlich.

Um die Benachrichtigungsmodalitäten für den Sperrbildschirm festzulegen, müssen Sie in die Einstellungen-App des iPhones wechseln. Rufen Sie dort **Mitteilungen ▸ WhatsApp** auf. Auf der folgenden Seite ist vor allem die Schaltfläche **Vorschauen zeigen** interessant. Ist hier **Immer (Standard)** eingestellt, wird im Hinweis auf dem Sperrbildschirm bereits ein kleiner Teil der Nachricht angezeigt. Wer nicht möchte, dass Fremde mit einem Blick auf das gesperrte iPhone Informationen zur Nachricht erhalten, sollte hier die Einstellung **Wenn entsperrt** bzw. **Nie** wählen.

Pop-up-Hinweis auf Android-Gerät direkt beantworten

Entscheiden Sie sich für eine Pop-up-Benachrichtigung, können Sie direkt im Pop-up-Fenster Ihre Antwort auf die Nachricht eingeben und abschicken. Tippen Sie hingegen auf **Ansehen**, wird die Nachricht in WhatsApp selbst angezeigt. Wird die Benachrichtigung auf dem Sperrbildschirm angezeigt, müssen Sie zuvor allerdings den Bildschirm wie gewohnt entsperren. Mit **Schließen** lässt sich das Pop-up-Fenster ausblenden, ohne dass Sie auf die Nachricht reagieren.

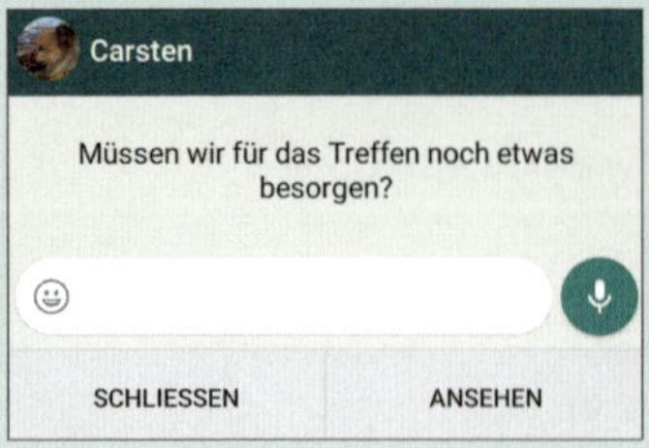

Sicherlich haben Sie den einen oder anderen Freund oder ein Familienmitglied, mit dem Sie besonders gerne und auch häufig kommunizieren. Damit Sie sofort wissen, dass eine Nachricht von dieser Person eingetroffen ist, legen Sie am besten individuelle Benachrichtigungen für sie fest. Dies funktioniert so:

1. Rufen Sie über das Register **Chats** den Chat mit der Person auf.
2. Halten Sie den Finger nun etwas länger auf dem Namen der Person gedrückt ①, bis die Kontaktseite der Person eingeblendet wird. Alternativ können Sie auf einem Android-Gerät auch auf ⋮ tippen und dann **Kontakt ansehen** ② wählen.
3. Tippen Sie auf **Eigene Benachrichtigungen** ③ (iPhone: **Eigene Töne**). Auf einem Android-Smartphone versehen Sie auf der folgenden Seite das Kästchen **Eigene Benachrichtigungen** ④ per Tipp mit einem Häkchen.

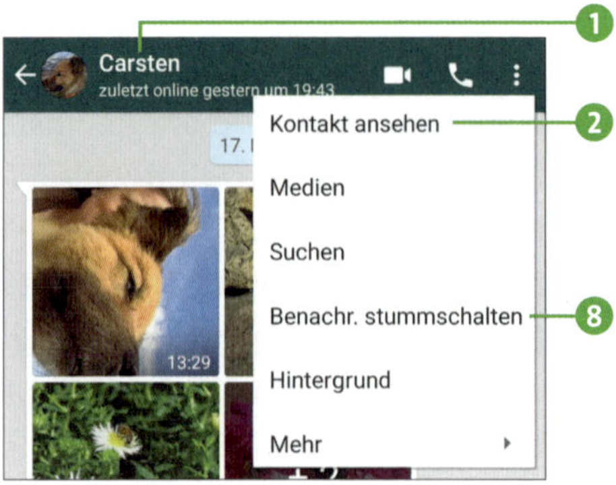

4. Nun können Sie z. B. einen Benachrichtigungston auswählen und die Pop-up-Benachrichtigung oder auch den Klingelton für Anrufe anpassen **5**. Beim iPhone ist lediglich die Auswahl eines anderen Meldungstons möglich.

5. Über den Pfeil oben links **6** kehren Sie wieder zur Kontaktseite des Kontakts zurück und dort über den Pfeil zum Chat.

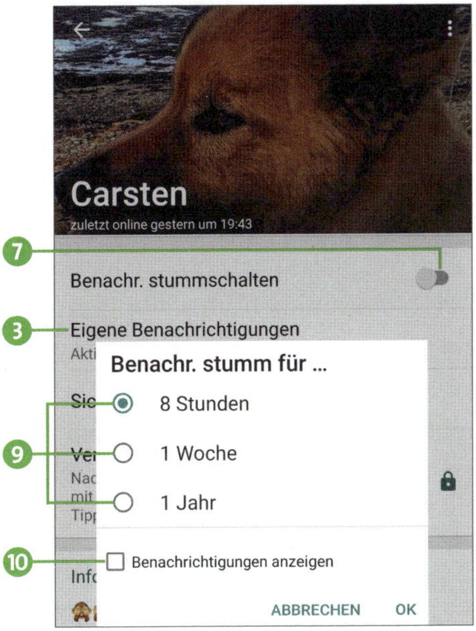

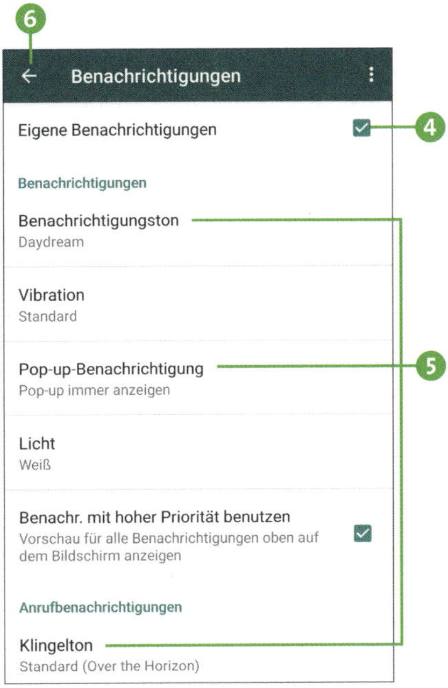

Manche Kontakte übertreiben es durchaus mit dem Versand von Nachrichten. Möchten Sie für eine Weile nicht mehr akustisch genervt werden, tippen Sie auf einem Android-Gerät z. B. auf der Kontaktseite der Person auf den Schieberegler **Benachrichtigungen stummschalten** **7** (iPhone: **Stumm**). Alternativ tippen Sie im Chat mit dieser Person auf das Symbol ⋮ und dann auf **Benachrichtigungen stummschalten** (**8** auf Seite 108). In beiden Fällen müssen Sie im folgenden Dialog nur noch festlegen, über welchen Zeitraum hinweg kein Klingelton mehr ertönen soll **9**. Wenn Sie trotzdem weiterhin z. B. per Pop-up oder Banner benachrichtigt werden möchten, versehen Sie **Benachrichtigungen anzeigen** (⑩ auf Seite 109) mit einem Häkchen. Auf dem iPhone tippen Sie in der Kontaktinfo auf **Stumm** und, wenn Sie dies wieder aufheben möchten, auf **Ton an**.

Datenvolumen im Blick behalten

Nutzen Sie WhatsApp ganz entspannt z. B. daheim im eigenen WLAN oder auch unterwegs über ein kostenloses WLAN, brauchen Sie sich über die Datenmengen, die über das Internet versendet werden, keine Gedanken machen. Ist dagegen die mobile Netzwerkverbindung (auch *mobile Daten* genannt) aktiviert, verbraucht jedes Foto, Video, Dokument oder gar ein Videoanruf einen Teil des kostenlos zur Verfügung stehenden Datenvolumens. Wer nicht aufpasst, erreicht schnell die Grenze, und schon drosselt der Mobilfunkbetreiber die Internetgeschwindigkeit oder verlangt eine horrende Gebühr für weiteres Datenvolumen. Um keine böse Überraschung zu erleben, sollten Sie unbedingt einen Blick auf die Datennutzung von WhatsApp werfen und wenn nötig die Einstellungen anpassen. Hierzu gehen Sie folgendermaßen vor:

1. Rufen Sie in WhatsApp die **Einstellungen** auf. Beim iPhone finden Sie den entsprechenden Eintrag am unteren Bildschirmrand, auf einem Android-Smartphone tippen Sie oben rechts auf das Symbol ⋮ und dann auf **Einstellungen**.
2. Tippen Sie auf **Daten- und Speichernutzung**.
3. Auf einem Android-Gerät erfahren Sie im Bereich **Nutzung**, welche Datenmengen über das Netzwerk übertragen wurden ① und wie viel Speicherplatz verbraucht wurde ②. Nach einem Tipp auf den jeweiligen Eintrag werden weitere Details eingeblendet. Bei der Netzwerknutzung wird nicht zwischen einer WLAN-Verbindung und einer mobilen Netzwerkverbindung unterschieden. Sie

können allerdings genau sehen, ob Sie die Daten selbst verschickt oder empfangen haben. Über den Pfeil oben links kehren Sie wieder zur vorherigen Seite zurück.

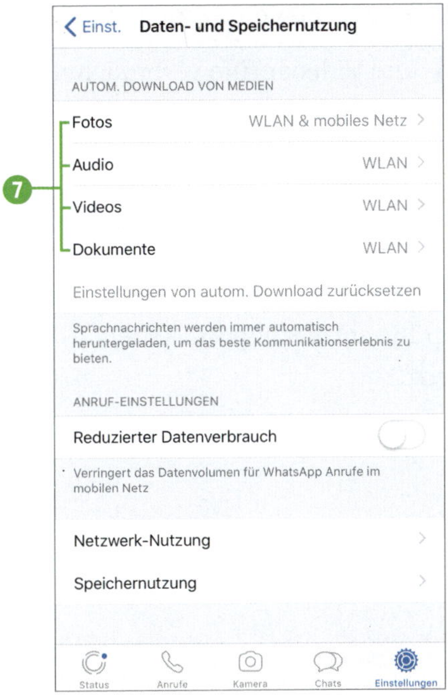

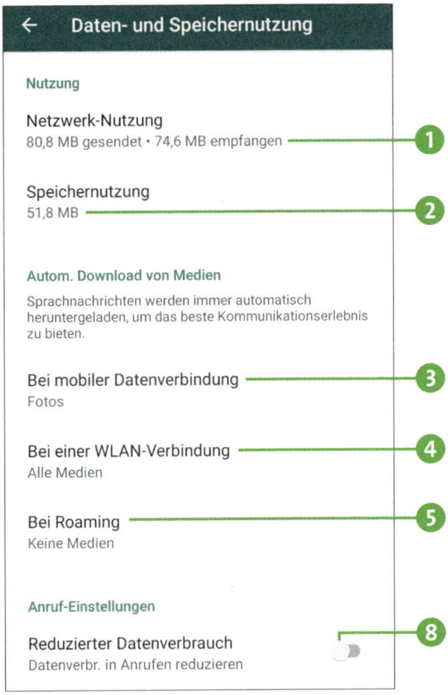

4. Legen Sie nun im Bereich **Automatischer Download von Medien** fest, welche Dateien WhatsApp jeweils bei einer mobilen Datenverbindung ❸, bei einer WLAN-Verbindung ❹ und bei Roaming (also der Nutzung einer nationalen SIM-Karte im Ausland) ❺ automatisch herunterladen darf. Tippen Sie hierzu auf einem Android-Smartphone auf die jeweilige Verbindungsart, und setzen Sie ein Häkchen bei den Medien, für die Sie den Download genehmigen ❻. Sprach-

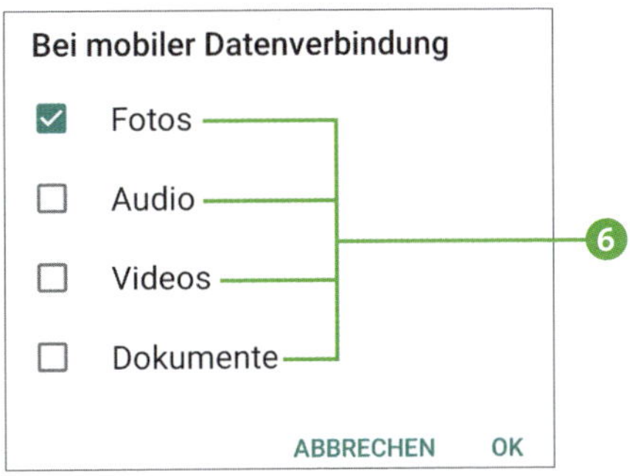

nachrichten werden übrigens immer heruntergeladen, sie stehen also nicht zur Auswahl. Mit **OK** übernehmen Sie Ihre Auswahl.

Beim iPhone stellen Sie dagegen für jedes Medium individuell ein, bei welcher Verbindungsart es heruntergeladen werden darf 7.

5. Nicht nur Medien, auch Sprach- und Videoanrufe verbrauchen einiges an Datenvolumen. Wenn Sie häufiger bei einer bestehenden mobilen Netzwerkverbindung telefonieren müssen, sollten Sie im Bereich **Anruf-Einstellungen** den **Reduzierten Datenverbrauch** 8 aktivieren.

Mit diesen vorgenommenen Einstellungen können Sie zumindest ein wenig beeinflussen, dass WhatsApp Ihr zur Verfügung stehendes Datenvolumen nicht vollständig ausreizt.

KAPITEL 7

Übersicht im Chatchaos bewahren

Wer einmal begonnen hat, WhatsApp zur Kommunikation mit Freunden und Familienmitgliedern zu verwenden, wird so schnell nicht mehr damit aufhören wollen. Irgendwann kommt allerdings der Zeitpunkt, an dem es schwierig wird, in den vielen Nachrichten und Medien noch den Überblick zu behalten. In diesem Kapitel lernen Sie u. a. einige Strategien zur Markierung von Chats kennen, aber auch Optionen zu ihrer Sicherung. Außerdem erfahren Sie, wie Sie wieder Speicherplatz auf dem Smartphone gewinnen, indem Sie nicht mehr benötigte Medien oder auch ganze Chats löschen.

Chats nach Text oder Medien durchsuchen

Mit welchem Vereinskamerad hatte man nur über das anstehende Sommerfest gesprochen? Und wollte der Freund nun am Samstag oder am Sonntag kommen? Bevor Sie zur Klärung solcher Fragen endlos lange die Chats durchsuchen, nutzen Sie besser die Suchfunktion von WhatsApp.

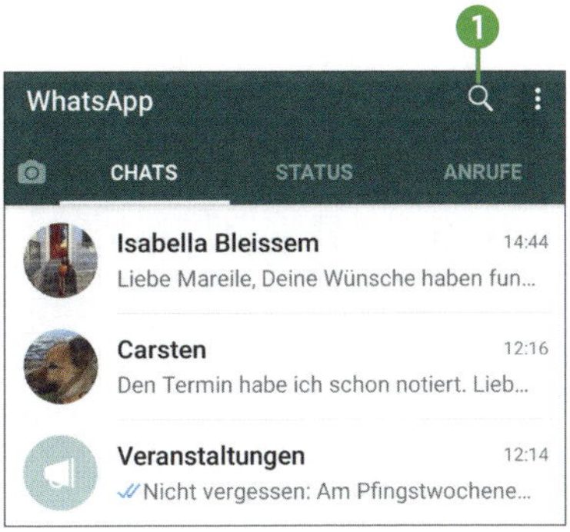

1. Wenn Sie die Suche aus der Chatübersicht heraus starten und somit alle Chats durchsuchen möchten, tippen Sie im Register **Chats** auf das Lupensymbol ①. Das Suchfeld wird nun eingeblendet. Beim iPhone finden Sie das Suchfeld bereits zu Beginn der Chatübersicht.

2. Geben Sie den Suchbegriff ein ❷. Dabei kann es sich z. B. um den Namen eines Kontakts handeln, wenn Sie einen bestimmten Chat suchen, oder auch ein Stichwort, das in einer Unterhaltung gefallen ist.

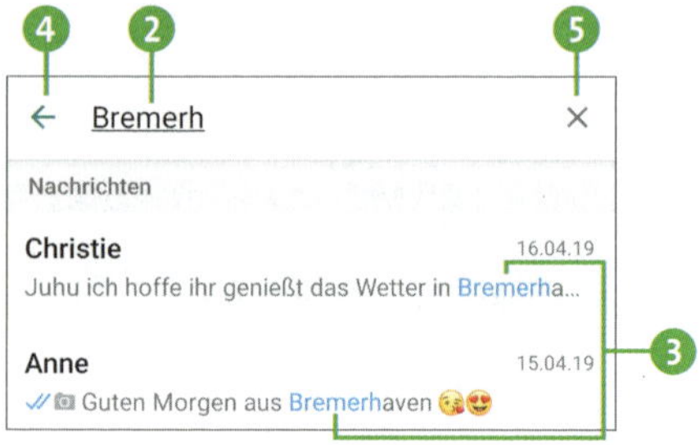

3. Als Suchergebnis werden nun alle Chats aufgeführt, in denen der Begriff auftaucht – unerheblich, ob als Kontaktname oder als Nachrichtentext ❸. Mit einem Tipp auf einen der Treffer gelangen Sie zum dazugehörigen Chat.

4. Hat die Suche nicht zum gewünschten Ergebnis geführt, können Sie über den Pfeil oben links ❹ bzw. beim iPhone durch einen Tipp auf **Abbrechen** wieder zur Chatübersicht zurückkehren. Möchten Sie stattdessen die Suche gleich nochmals mit einem neuen Suchbegriff starten, entfernen Sie den alten Suchbegriff mit einem Tipp auf das Kreuzsymbol ❺. Geben Sie nun einfach das neue Stichwort ein.

Analog zum Register **Chats** können Sie übrigens auch die Register **Status** sowie **Anrufe** durchsuchen.

Wenn Sie innerhalb eines Chats mit einem bestimmten Kontakt die Übersicht verloren haben, rufen Sie die Suchfunktion so auf:

1. Wechseln Sie in den Chat. Auf einem Android-Smartphone tippen Sie oben rechts auf das Symbol ⋮ und dann auf **Suchen** ❶. Beim iPhone müssen Sie zunächst auf den Kontaktnamen ❷ und dann auf **Chat durchsuchen** tippen.

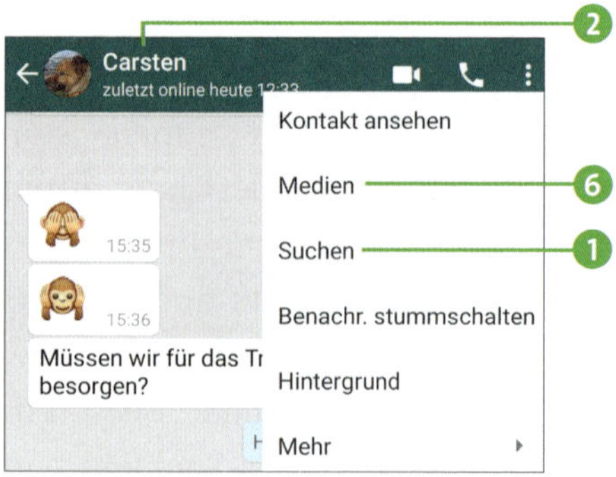

2. Geben Sie im Suchfeld den Suchbegriff ein ❸.

3. WhatsApp hebt die Suchbegriffe gelb hervor ❹. Über die Pfeiltasten ❺ gelangen Sie von einem Treffer zum nächsten.

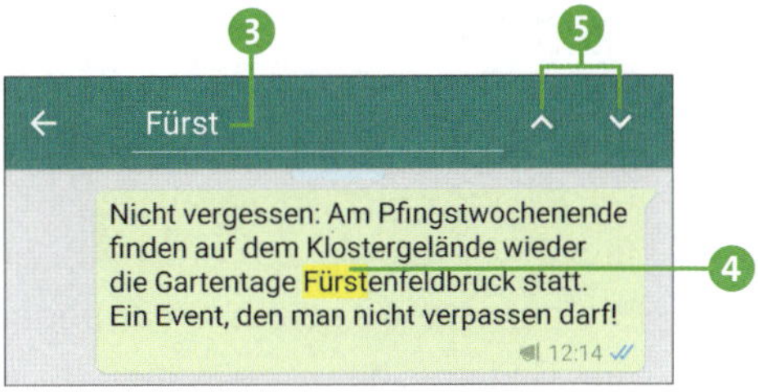

Auch für die Suche nach einem Foto, Video, einem Dokument oder einem Link bietet WhatsApp eine pfiffige Unterstützung an: Statt einen Chat mühselig nach den Medien zu durchforsten, können Sie sich gezielt alle mit einer Person ausgetauschten Daten anzeigen lassen.

1. Rufen Sie den entsprechenden Chat mit der Person auf.

2. Auf einem Android-Smartphone tippen Sie nun auf das Symbol ⋮ und dann auf **Medien** (❻ auf Seite 114) Beim iPhone müssen Sie zunächst die Kontaktinfo per Tipp auf den Kontaktnamen bzw. den Gruppennamen einblenden. Auf der folgenden Seite finden Sie dort die Schaltfläche **Medien, Links und Doks**.

3. Die Medienübersicht ist in drei Register aufgeteilt, in denen Sie zum einen Fotos sowie Videos und zum anderen Dokumente sowie Links finden.

4. Über den Pfeil oben links kehren Sie wieder zum Chat zurück.

Die Medienansicht steht Ihnen auch für Gruppenchats und Broadcasts zur Verfügung. Hier nennt sich die Funktion auf einem Android-Smartphone **Gruppenmedien** bzw. **Medien der Broadcast-Liste**.

Fotos aus der Medienansicht verwenden

In der Medienansicht werden die Bilder relativ klein angezeigt. Wenn Sie ein Foto über den ganzen Bildschirm hinweg begutachten möchten, tippen Sie es einfach an. Nach einem Tipp auf das Symbol ⋮ haben Sie auf einem Android-Smartphone anschließend die Möglichkeit, sich das Bild im Chat anzeigen zu lassen ❶. Wenn Sie das Bild an andere z. B. per E-Mail oder auch via WhatsApp weiterleiten möchten, wählen Sie den Befehl **Teilen** ❷. Sie können ein Foto auch aus der Medienansicht heraus als **Profilbild** oder **Gruppenbild** auswählen. Hierzu rufen Sie den Befehl **Festlegen als ...** ❸ auf und wählen in der aufklappenden Liste dann die gewünschte Variante. Ist Ihnen die Oberfläche von WhatsApp zu langweilig, wählen Sie die dritte Variante **Hintergrund**. Wenn Sie Fotos und Videos lieber über die Galerie-App des Smartphones ansehen, rufen Sie den Befehl **In Galerie ansehen** ❹ auf. Auch das **Drehen** um 90 Grad ❺ und das **Löschen** ❻ eines Bildes lassen sich über das Menü ⋮ erledigen.

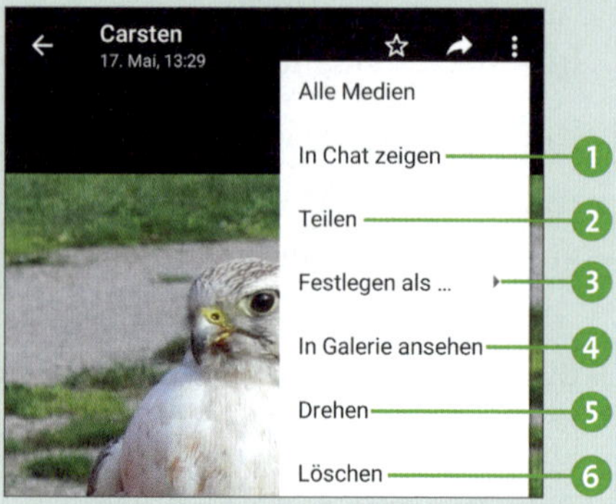

Wichtige Chats sofort im Blick

In der Chatübersicht werden die Chats in der Reihenfolge des Eintreffens bzw. Sendens angezeigt. Wenn Sie verhindern möchten, dass wichtige Chats ans Ende der Übersicht wandern, heften Sie sie am besten an den Anfang der Liste an. Auf einem Android-Smartphone gehen Sie hierzu folgendermaßen vor:

1. Halten Sie in der Chatübersicht den Finger etwas länger auf dem gewünschten Chat gedrückt, bis am oberen Seitenrand die Symbolleiste eingeblendet wird.

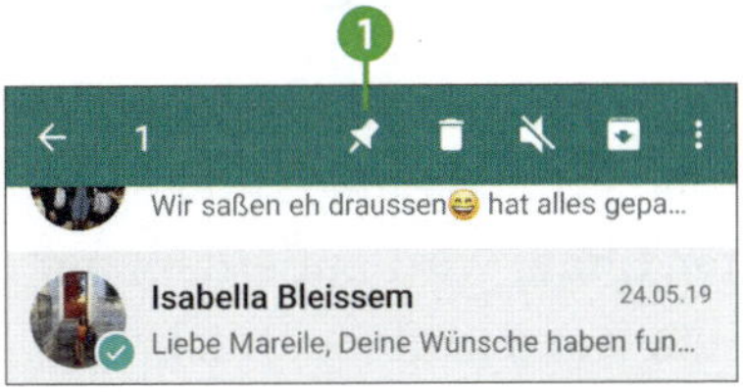

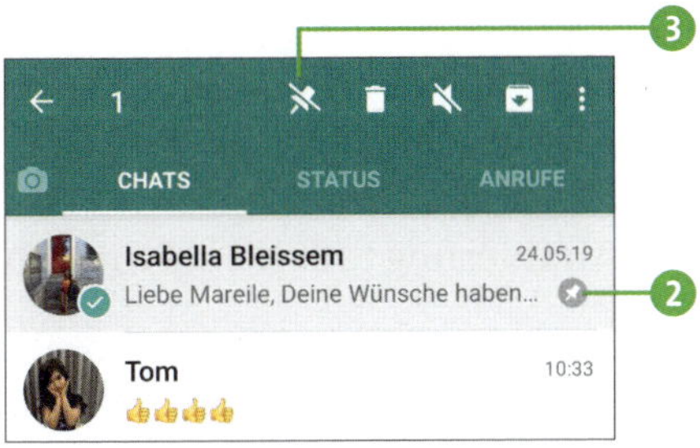

2. Tippen Sie hier das Pinnnadelsymbol ❶ an. Der Chat wird damit am oberen Rand der Chatliste fixiert, erkennbar an der kleinen Pinnnadel ❷. Auch neu eingetroffene oder versendete Chats verändern diese Platzierung nicht.

3. Um die vorgenommene Fixierung wieder aufzuheben, wiederholen Sie Schritt 1. Ein Tipp auf das nun durchgestrichene Symbol ❸ reicht, und schon wird der Chat wieder an der Position in der Chatübersicht angezeigt, die zeitlich gesehen korrekt ist.

Auf dem iPhone steht Ihnen die Symbolleiste nicht zur Verfügung. Hier müssen Sie in der Chatübersicht auf dem Chat von links nach rechts wischen und dann den Befehl **Fixieren** wählen. Um die Fixierung aufzuheben, wiederholen Sie das Vorgehen einfach, nur dass Sie dieses Mal auf **Lösen** tippen. Insgesamt lassen sich in WhatsApp drei Chats in der Chatübersicht fixieren.

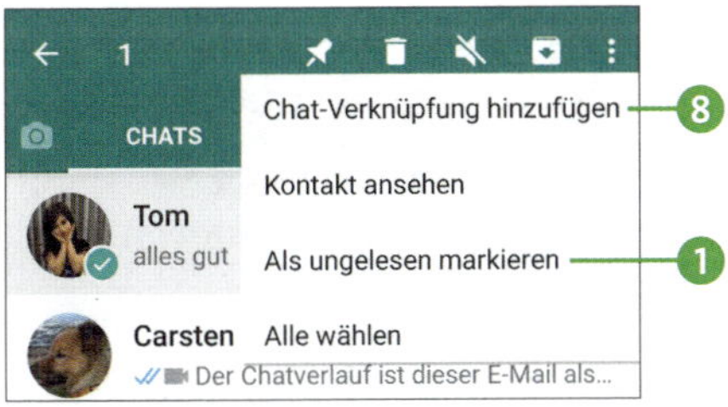

Manchmal findet man nicht sofort die Zeit, auf eine Nachricht zu antworten. Damit diese aber nicht in Vergessenheit gerät, können Sie eine Nachricht markieren oder auch den Chat mit der Person als ungelesen kennzeichnen. Beides hilft dabei, die Nachricht später schnell wiederzufinden. Um den Chat als ungelesen zu markieren, tippen Sie ihn auf einem Android-Smartphone in der Chatübersicht wieder etwas länger an. Tippen Sie dann auf das Symbol und in der aufklappenden Liste auf **Als ungelesen markieren** ❶.

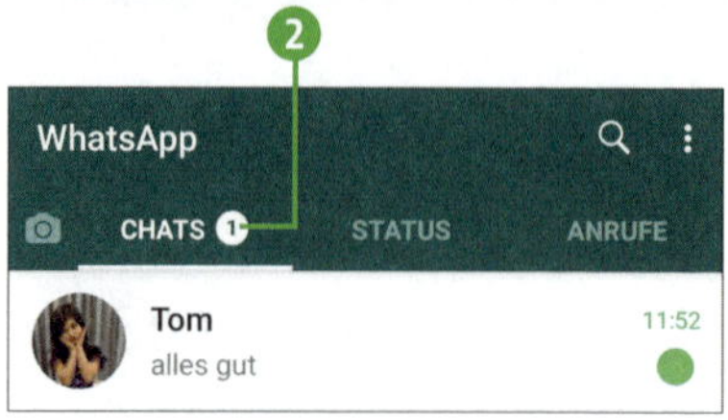

Der Chat erhält nun einen leuchtend grünen Punkt. Im Registerreiter **Chats** wird außerdem auf eine neu eingetroffene Nachricht hingewiesen ❷. Sobald Sie den Chat öffnen, wird die Markierung wieder aufgehoben. Auf dem iPhone wischen Sie in der Chatübersicht auf dem Chat von links nach rechts und tippen dann auf **Ungelesen**. Die Markierung fällt hier nicht grün, sondern wie gewohnt blau aus.

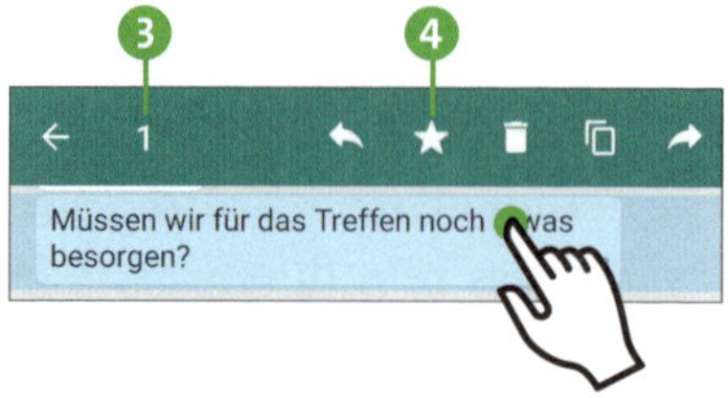

Um eine Nachricht innerhalb eines Chats zu markieren, rufen Sie zunächst den Chat auf. Blättern Sie dann bis zur Nachricht, die Sie markieren möchten, und tippen Sie diese etwas länger an. Auf einem Android-Smartphone wird nun am oberen Bildschirmrand die Symbolleiste eingeblendet, beim iPhone erscheint ein Dialogfenster oberhalb der markierten Nachricht. Sollten Sie auf einem Android-Smartphone gleich mehrere Nachrichten innerhalb des Chats markieren wollen, tippen Sie diese einfach an. Der Zähler in der Symbolleiste wird entsprechend erhöht ❸. Ein erneuter Tipp auf eine Nachricht (dabei kann es sich um Text, ein Foto, Video oder auch um eine Sprachnachricht handeln) hebt eine Markierung übrigens wieder auf. Sind alle Nachrichten ausgewählt, tippen Sie auf das Sternsymbol ❹. Beim iPhone können Sie immer jeweils nur eine Nachricht markieren.

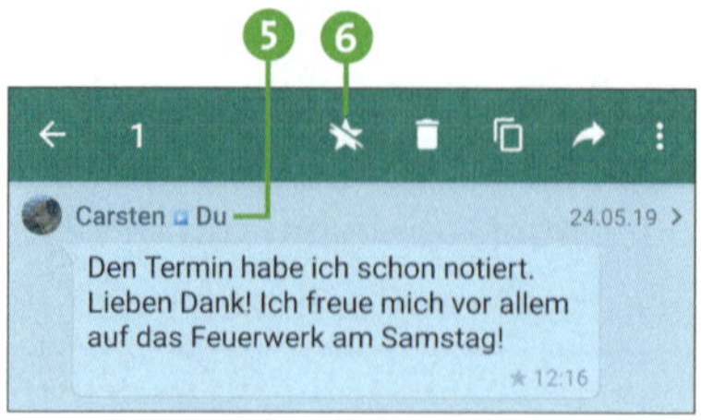

Die markierten Nachrichten können Sie sich auf einem Android-Gerät anschließend aus der Chatübersicht heraus anzeigen lassen. Tippen Sie dort auf das Symbol und dann auf **Mit Stern markierte**. Oberhalb der nun angezeigten Nachrichten erfahren Sie, von wem Sie die Nachricht erhalten bzw. an wen Sie diese geschickt haben 5. Nach einem Tipp auf eine Textnachricht wird der dazugehörige Chat angezeigt. Tippen Sie auf ein Medium, etwa ein Foto, erscheint es in voller Schönheit. Über den Pfeil links kehren Sie wieder zur Seite **Mit Stern markierte** zurück.

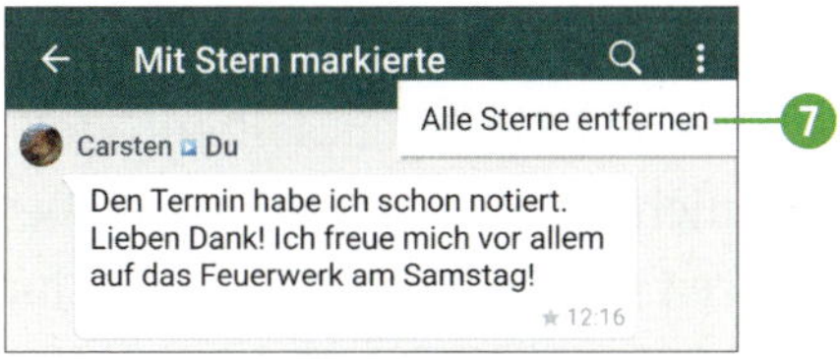

Wenn Sie eine Markierung aufheben möchten, halten Sie den Finger wieder länger auf der Nachricht gedrückt und tippen dann auf das Symbol 6 in der Symbolleiste. Wollen Sie die Markierung aller Nachrichten in einem Rutsch aufheben, tippen Sie auf das Symbol und dann auf **Alle Sterne entfernen** 7 und bestätigen schließlich mit **Kein Stern**.

Beim iPhone geschieht das Einblenden markierter Nachrichten aus dem Chat heraus, indem Sie auf den Namen des Kontakts und dann auf **Mit Stern markierte** tippen. Zum Aufheben der Markierung halten Sie den Finger hier wieder etwas länger auf der Nachricht gedrückt und tippen dann auf **Kein Stern**.

Wichtige Personen auf den Startbildschirm holen

WhatsApp öffnen, dann Chat auswählen und Nachricht eingeben: Wenn Sie häufig mit einer Person kommunizieren, können diese Schritte schnell nerven. Vereinfachen Sie sich die Arbeit auf einem Android-Smartphone, indem Sie für den WhatsApp-Kontakt eine Verknüpfung auf dem Startbildschirm anlegen. Halten Sie hierzu in der Chatübersicht den Finger etwas länger auf dem gewünschten Chat oder Gruppenchat. Wird die Symbolleiste eingeblendet, tippen Sie auf und dann auf **Chat-Verknüpfung hinzufügen** (8 auf Seite 117). Bestätigen Sie mit **Hinzufügen**, und schon wird ein Icon auf dem Startbildschirm ergänzt, das das Profilbild des Chats zeigt. Ein Tipp darauf reicht, und schon werden Sie in WhatsApp zum entsprechenden Chat geführt. Um eine Verknüpfung wieder zu entfernen, halten Sie den Finger auf dem Icon gedrückt und tippen dann auf **Von Start entfernen**.

Optionen zur Sicherung von Chats

Jede Nacht gegen 2 Uhr nimmt WhatsApp automatisch eine Datensicherung, ein sog. *Backup* vor. Die Daten werden hierbei im Verzeichnis *WhatsApp/Backups* auf dem Smartphone selbst gespeichert. Dieser Speicherplatz ist nicht ganz geschickt, denn wenn Sie Ihr Smartphone einmal verlieren sollten oder es sich aufgrund einer Beschädigung nicht mehr nutzen lässt, haben Sie keinerlei Zugang mehr zu all Ihren Chats. Sichern Sie die Chats hingegen in einem Online-Speicher, können Sie sie jederzeit wiederherstellen. Auf einem Android-Smartphone bietet sich hierzu die Cloud *Google Drive* an, auf dem iPhone wiederum die *iCloud*. Die Datensicherung in einem Online-Speicher ist auch dann praktisch, wenn Sie sich ein neues Smartphone zulegen möchten (siehe dazu auch den Abschnitt »Was tun, wenn Sie ein neues Smartphone nutzen?« ab Seite 136). Die Ende-zu-Ende-Verschlüsselung, die in WhatsApp bei der Datenübertragung zwischen Sender und Empfänger zum Einsatz kommt, gilt in der Cloud nicht. Dort werden die Daten unverschlüsselt abgelegt. Um die Datensicherung in der Cloud einzurichten, gehen Sie folgendermaßen vor:

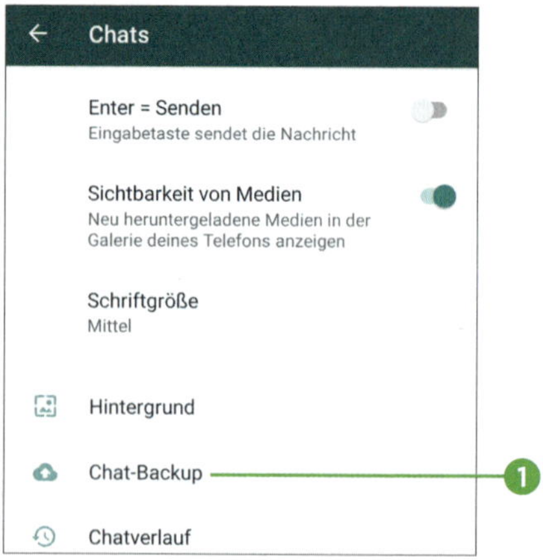

1. Rufen Sie die **Einstellungen** von WhatsApp auf. Beim iPhone finden Sie diese am unteren Bildschirmrand, bei einem Android-Smartphone tippen Sie auf das Symbol ⋮ und dann auf **Einstellungen**.
2. Tippen Sie nacheinander auf **Chats ▸ Chat-Backup** ❶.
3. Bevor Sie das erste Backup starten, sollten Sie noch ein paar Einstellungen vornehmen. Tippen Sie zunächst auf **Auf Google Drive sichern** ❷ (iPhone: **Autom. Backup**).

4. Legen Sie durch Antippen einer Option fest, wann die Datensicherung durchgeführt werden soll. Je intensiver Sie WhatsApp nutzen, desto häufiger sollten auch die Daten gesichert werden. Bei einem Android-Smartphone können Sie über die Option **Nur, wenn ich "Sichern" tippe** 3 ein Backup manuell anstoßen. Beim iPhone erzielen Sie dies über die Option **Backup jetzt erstellen**.

5. Für das Backup in der Cloud benötigen Sie ein Konto, das Sie nach einem Tipp auf **Google-Konto** 4 auswählen. WhatsApp bietet Ihnen hier das Konto an, das auch für die Installation von WhatsApp aus dem Play Store genutzt wurde. Erhalten Sie den Hinweis, dass WhatsApp und Google Dateien abrufen und verwalten möchten, müssen Sie diesen mit **Zulassen** bestätigen. Auf dem iPhone wird automatisch die Apple-ID genutzt, die Sie bei der Einrichtung des Smartphones angegeben haben.

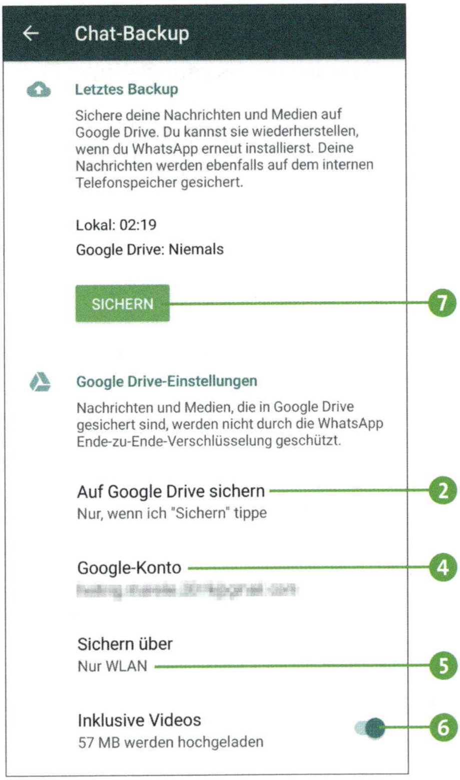

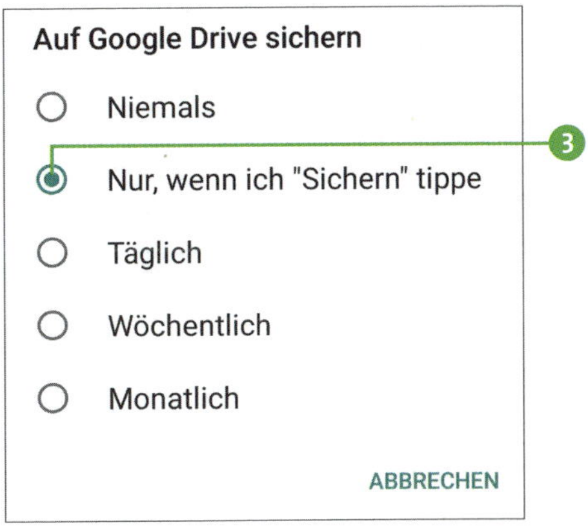

6. Tauschen Sie über WhatsApp viele Nachrichten mit Bekannten und Verwandten aus, müssen entsprechend viele Daten gesichert werden (lesen Sie hierzu auch den Abschnitt »Datenvolumen im Blick behalten« ab Seite 110). Belassen Sie unter **Sichern über** daher lieber die Voreinstellung **Nur WLAN** (5 auf Seite 121).

7. Gerade Videos nehmen viel Speicherplatz in Anspruch. Der kostenlos in der Cloud zur Verfügung gestellte Speicherplatz ist allerdings begrenzt. Per Standardeinstellung berücksichtigt WhatsApp die Videos deshalb nicht bei einem Backup. Sollen sie ebenfalls gesichert werden, tippen Sie auf den Schieberegler rechts von **Inklusive Videos** 6. Sie erfahren sofort, welche Datenmengen durch die Videos anfallen.

Damit sind alle Einstellungen vorgenommen. Wenn Sie möchten, können Sie die erste Datensicherung sofort mit einem Tipp auf **Sichern** 7 anstoßen. Je nach zu übertragender Datenmenge kann der Vorgang etwas dauern.

Chat exportieren

Sie können Chats nicht nur auf einem Online-Speicher sichern, sondern z. B. auch per E-Mail oder an eine andere App verschicken. Wechseln Sie hierzu in den Chat, den Sie sich selbst oder auch einer anderen Person schicken möchten. Auf einem Android-Smartphone tippen Sie auf das Symbol ⋮ und dann auf **Mehr ▸ Chat exportieren**. Auf dem iPhone tippen Sie nach dem Aufruf des Chats auf den Kontaktnamen und dann auf **Chat exportieren**. Entscheiden Sie anschließend, ob die Medien, also z. B. Fotos und Videos, dem Export hinzugefügt werden sollen oder ob die Nachrichten ohne Medien exportiert werden sollen. Wählen Sie nun die App für den Export aus, also etwa die Mail-App. Alternativ können Sie den Chat auch per WhatsApp an einen Ihrer Kontakte schicken. Nutzen Sie die Cloud *OneDrive* von Microsoft, ist auch der Export des Chats in diesen Online-Speicher möglich.

Schriftgröße in Chats verändern

Sie können den Text einer Nachricht kaum entziffern, da die Schrift viel zu klein ist? Auf einem Android-Smartphone lässt sich dies ändern. Rufen Sie die **Einstellungen** nach einem Tipp auf das Symbol ⋮ auf. Tippen Sie dann auf **Chats ▸ Schriftgröße**. Markieren Sie nun **Groß**. Innerhalb der Chats wird der Nachrichtentext nun um einiges größer angezeigt.

Nicht benötigte Chats archivieren oder löschen

Damit die Chatübersicht nicht zu umfangreich wird, können Sie Chats archivieren. Sie erscheinen damit so lange nicht mehr in der Übersicht, bis Sie erneut mit der Person oder Gruppe chatten oder die Archivierung wieder aufheben. Zum Archivieren blenden Sie auf einem Android-Smartphone per längerem Tipp auf den Chat ❶ die Symbolleiste ein und tippen dann auf das Symbol [Archivieren] ❷. Um zu archivierten Chats zu gelangen, blättern Sie in der Chatübersicht ganz nach unten und tippen dort auf den Hinweis **Archiviert** ❸.

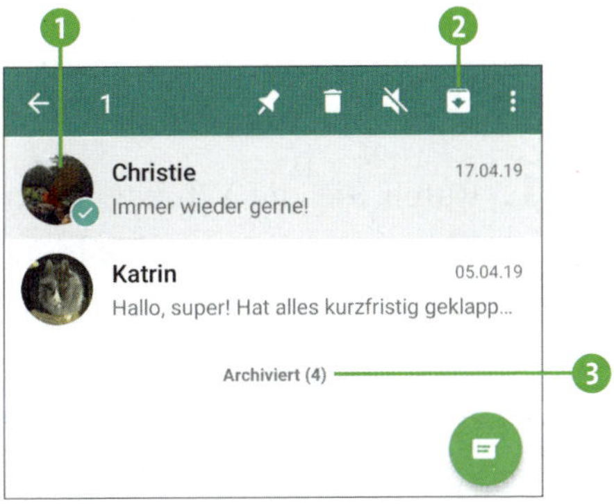

Wenn Sie einen archivierten Chat wieder in die Chatübersicht zurückholen möchten, tippen Sie ihn wieder länger an ❹ und wählen in der Symbolleiste dann das Symbol [Archivierung aufheben] ❺.

Auf dem iPhone wischen Sie zur Archivierung auf dem Chat von

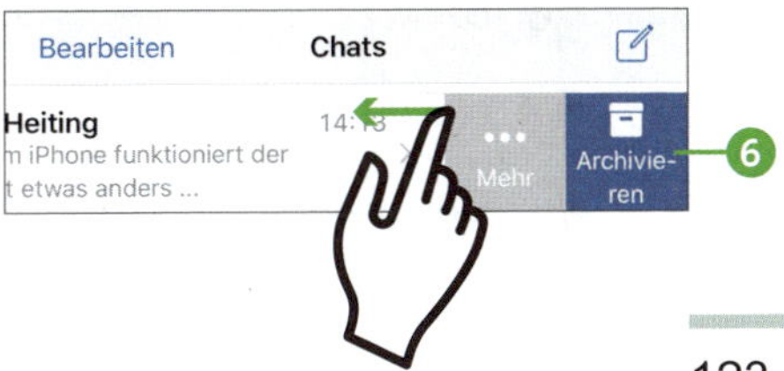

rechts nach links und wählen den Befehl **Archivieren** 6. Um sich die archivierten Chats anzeigen zu lassen, scrollen Sie in der Chatübersicht zunächst ganz nach oben. Ziehen Sie dann unterhalb des Suchfelds den Bildschirm mit einem Finger etwas nach unten. Nun finden Sie hier die Schaltfläche **Archivierte Chats** 7. Tippen Sie darauf, werden Ihre archivierten Chats angezeigt. Um bei einem Chat die Archivierung wieder aufzuheben, wischen Sie über dem Chat nach links und tippen auf **Rückgängig**.

Mit der Archivierung von Chats lässt sich für mehr Ordnung in der Chatübersicht sorgen. Schicken Ihre WhatsApp-Kontakte Ihnen fleißig Fotos, Videos und andere Medien, kann es im Laufe der Zeit mit dem Speicherplatz auf dem Smartphone knapp werden. Hier sollten Sie ab und an eine kleine Aufräumaktion starten. WhatsApp bietet Ihnen eine bequeme Funktion, mit der Sie schnell wieder für mehr Platz sorgen.

1. Rufen Sie die WhatsApp-Einstellungen auf. Auf einem Android-Smartphone tippen Sie hierzu auf ⋮ und dann auf **Einstellungen**. Auf dem iPhone reicht ein Tipp auf **Einstellungen** am unteren Bildschirmrand. Wählen Sie dann **Daten- und Speichernutzung ▸ Speichernutzung**.
2. Der folgenden Übersicht können Sie entnehmen, wie viel Speicherplatz pro Chat mit einem Kontakt oder auch einer Gruppe bzw. einem Broadcast verbraucht wird. WhatsApp berücksichtigt dabei sowohl die empfangenen Nachrichten als auch die von Ihnen gesendeten. Markieren Sie den Chat, in dem Sie als Nächstes Medien löschen möchten 1.

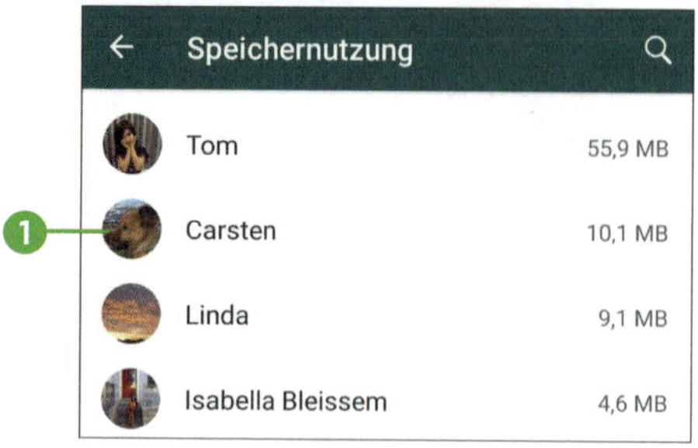

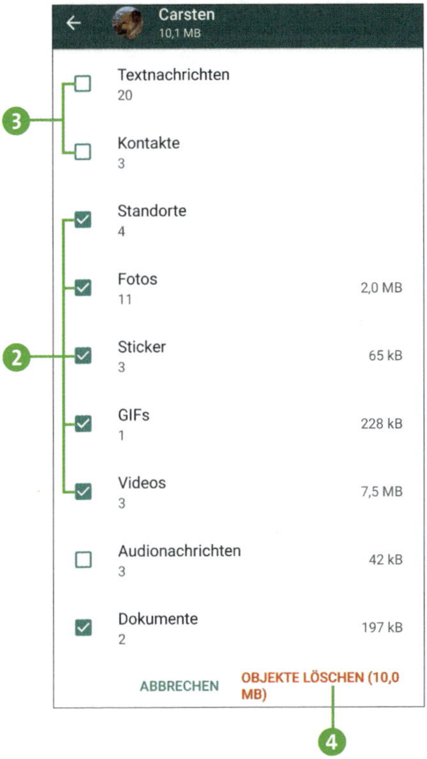

3. Sie erfahren nun im Detail, wie viel Speicherplatz Fotos, Sticker, Videos und mehr in Anspruch nehmen. Tippen Sie auf **Speicherplatz freimachen** (iPhone: **Verwalten**).
4. Versehen Sie die Elemente, die gelöscht werden sollen, mit einem Häkchen ❷. Bei Elementen, die Sie behalten möchten, die aber von WhatsApp bereits markiert wurden, entfernen Sie einfach das Häkchen ❸.
5. Nach einem Tipp auf **Objekte löschen** ❹ bzw. beim iPhone auf **Leeren** entfernt WhatsApp die markierten Elemente.

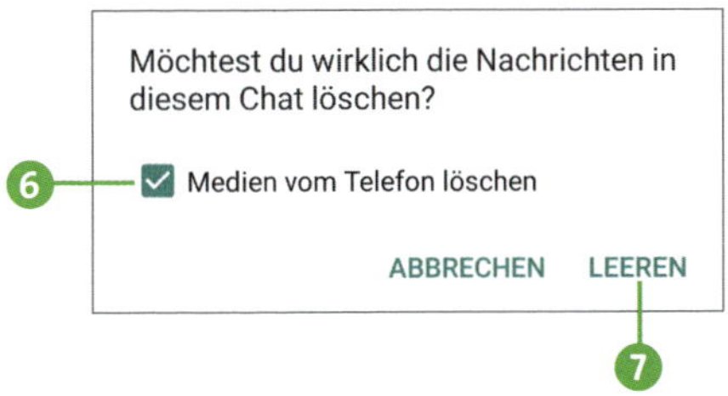

Sind Sie sich sicher, dass Sie den kompletten Inhalt eines Chats mit einer Person nicht mehr benötigen, können Sie diesen auf einem Android-Smartphone auch direkt aus einem Chat heraus entfernen. Rufen Sie hierzu den Chat mit dem Kontakt auf. Auf einem Android-Smartphone tippen Sie nun zunächst auf das Symbol ⋮, dann auf **Mehr ▸ Chat leeren** ❺. Entscheiden Sie noch, ob die Medien vom Telefon gelöscht werden sollen ❻, und bestätigen Sie dann mit **Leeren** ❼.

Auf dem iPhone müssen Sie im gewünschten Chat durch längeres Antippen des Namens die Kontaktinfo aufrufen. Blättern Sie hier nach unten, tippen Sie auf **Chatverlauf leeren** und dann auf **Alle Nachrichten löschen**.

Sowohl auf einem Android-Smartphone als auch auf dem iPhone wird nun zwar der Inhalt des Chats gelöscht, der Chat selbst bleibt aber in der Chatübersicht bestehen. Sie können ihn also schnell wieder öffnen und neue Nachrichten mit dem Kontakt austauschen.

Alle Chats in einem Rutsch archivieren, leeren oder löschen

Wenn Sie nicht nur einzelne, sondern alle Chats in der Chatübersicht archivieren, leeren oder löschen möchten, erledigen Sie dies am besten über die **Einstellungen**. Diese rufen Sie bei einem Android-Smartphone aus der Chatübersicht per Tipp auf das Symbol auf. Beim iPhone reicht ein Tipp auf **Einstellungen** am unteren Bildschirmrand der Chatübersicht. Wählen Sie dann **Chats** und auf einem Android-Smartphone zusätzlich **Chatverlauf**. Tippen Sie auf den gewünschten Befehl, also etwa **Alle Chats archivieren**, **Alle Chats leeren** oder auch **Alle Chats löschen**. Der Befehl **Chat exportieren** wirkt sich nicht auf alle Chats aus. Nach einem Tipp hierauf müssen Sie auf einem Android-Smartphone den Chat auswählen, der exportiert werden soll. Beim iPhone finden Sie den Befehl **Chat exportieren** gar nicht in den Einstellungen, sondern gleich beim jeweiligen Chat in der Chatübersicht. Wischen Sie dazu auf dem Chat, den Sie exportieren möchten, von rechts nach links, und öffnen Sie durch Antippen von **Mehr** das Menü. Nähere Hinweise zum Exportieren erhalten Sie im Kasten »Chat exportieren« auf Seite 122.

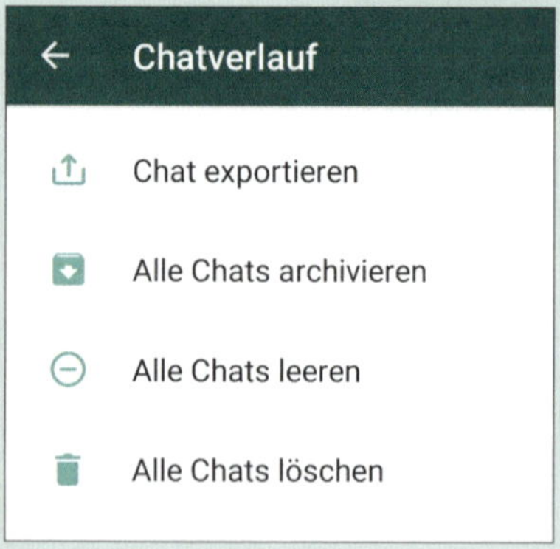

Soll nicht nur der Inhalt, sondern auch der Chat selbst in der Chatübersicht entfernt werden, tippen Sie auf einem Android-Smartphone den Chat in der Chatübersicht länger an. In der Symbolleiste tippen Sie nun auf das Papierkorbsymbol 1.

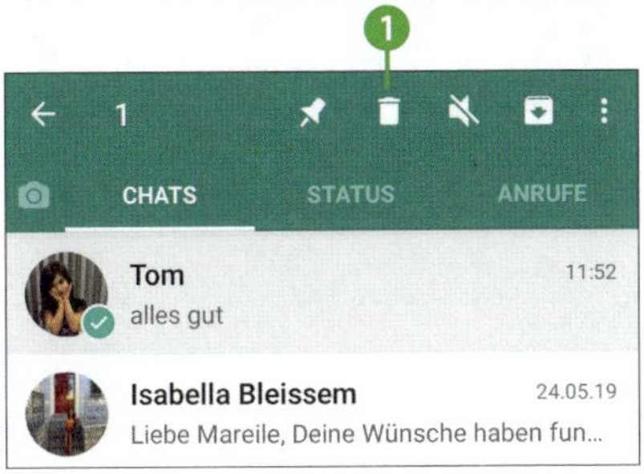

Auch hier können Sie vor dem eigentlichen Löschen noch entscheiden, ob auch die Medien vom Telefon entfernt werden sollen 2.

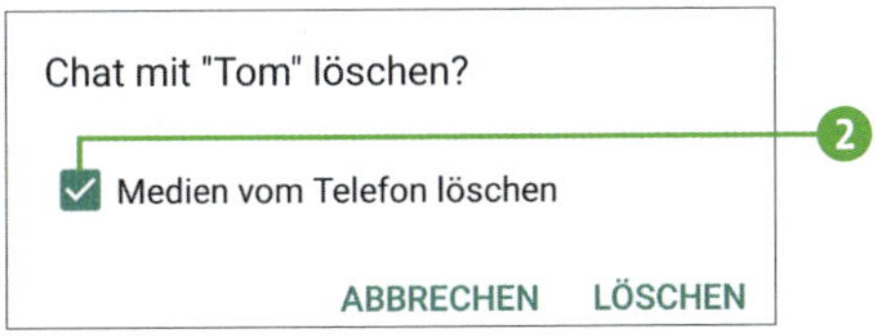

Um einen Chat auf dem iPhone zu löschen, wischen Sie in der Chatübersicht auf dem Chat von rechts nach links. Wählen Sie dann **Mehr** 3 ▸ **Chat löschen** 4, und bestätigen Sie die folgende Frage.

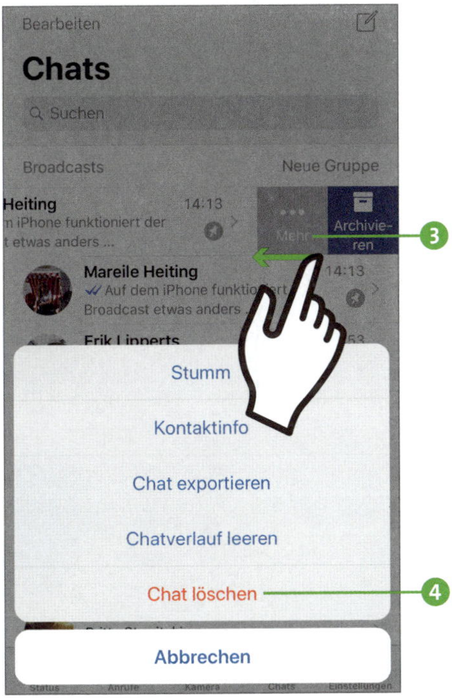

KAPITEL 8

Was tun, wenn …

Was macht man eigentlich, wenn man sich ein neues Smartphone zulegen möchte? Lassen sich die bisherigen Chats auf das neue Gerät übertragen? Und was hat es mit diesen komischen Nachrichten auf sich, in denen z. B. behauptet wird, dass WhatsApp inzwischen kostenpflichtig sei? Stimmt das oder sind das Falschmeldungen? In diesem Kapitel greife ich einige der Fragen auf, die immer wieder rund um WhatsApp gestellt werden.

… eine Nachricht versehentlich verschickt wurde?

Während man mit einem Freund chattet, erhält man eine wichtige Anfrage aus einer Gruppe. Zwischendurch klärt man noch schnell einen Termin mit einem anderen WhatsApp-Kontakt: Bei all den Wechseln zwischen den diversen Chats passiert es durchaus einmal, dass man eine Nachricht versehentlich an die falsche Person oder Gruppe schickt. Fällt Ihnen das Missgeschick innerhalb der nächsten 68 Minuten auf, können Sie die Nachricht nicht nur auf dem eigenen Smartphone löschen, sondern sogar auch beim Empfänger. Voraussetzung hierfür ist allerdings, dass beide Seiten – Sender und Empfänger – eine aktuelle Version von WhatsApp nutzen. Sollte der Empfänger die Nachricht in der Zwischenzeit gelesen haben, wird sie trotzdem entfernt. Das Löschen von Nachrichten bietet sich natürlich auch an, um innerhalb eines Chats etwas aufzuräumen. Und so funktioniert das Löschen:

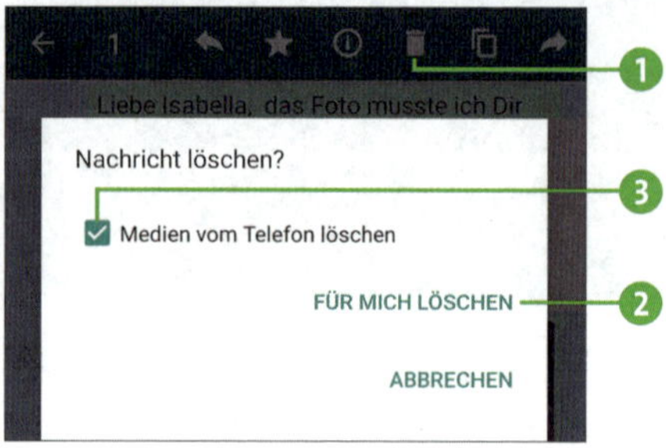

1. Öffnen Sie den Chat, in dem sich die zu löschende Nachricht befindet. Halten Sie den Finger etwas länger auf der Nachricht. Wenn Sie auf einem Android-Smartphone gleich mehrere Nachrichten entfernen möchten, markieren Sie diese nun durch kurzes Antippen. Dabei kann es sich um Textnachrichten, Fotos, Videos und mehr handeln.

2. Tippen Sie auf das Papierkorbsymbol ❶. Beim iPhone tippen Sie zunächst auf **Löschen**; nun können Sie auch hier durch Antippen weitere Nachrichten zum Löschen auswählen, bevor Sie auf das Papierkorbsymbol unten links tippen.

3. Wird im folgenden Dialog **Für alle löschen** angeboten, können Sie die Nachricht sowohl auf Ihrem Smartphone als auch beim Empfänger entfernen. Sind die eine Stunde und acht Minuten bereits abgelaufen, bleibt Ihnen nur **Für mich löschen** ❷. Handelt es sich bei der Nachricht z. B. um ein Foto, sollten Sie noch entscheiden, ob das Medium auch von Ihrem Telefon gelöscht werden soll. Falls nicht, entfernen Sie das Häkchen ❸.

Nach dem Löschen erscheint statt der Nachricht ein Hinweis, dass die Nachricht gelöscht wurde. Wenn Sie diesen Hinweis auf Ihrem Smartphone entfernen möchten, gehen Sie wie zuvor für die Nachricht beschrieben vor.

… sich die Sicherheitsnummer eines Kontakts geändert hat?

Seit 2016 werden in WhatsApp während der Datenübertragung alle Nachrichten und Anrufe verschlüsselt. Damit soll es niemandem, nicht einmal WhatsApp selbst, möglich sein, den Inhalt von Nachrichten oder Anrufen abzuhören. Nur Sender und Empfänger sind in der Lage, sich den Inhalt unverschlüsselt, also im Klartext anzusehen. Bereits beim allerersten gemeinsamen Chat mit einem Kontakt weist WhatsApp auf die Ende-zu-Ende-Verschlüsselung hin, die sich auch nicht deaktivieren lässt. Jeder Chat erhält eine eigene Sicherheitsnummer.

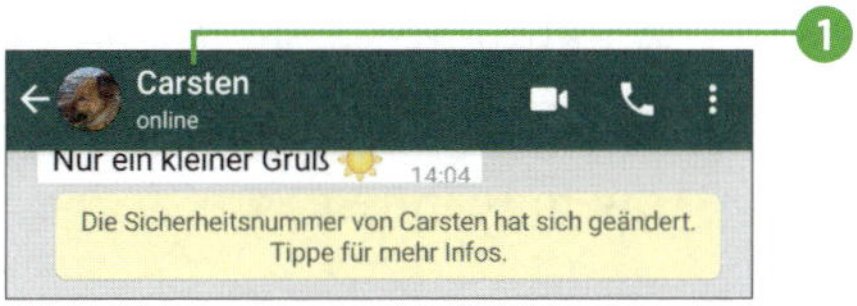

Sollte jemand WhatsApp neu installieren oder ein neues Smartphone verwenden, ändert sich hierdurch die Sicherheitsnummer für den Chat mit dieser Person. Im Chat taucht damit der Hinweis auf, dass sich die Sicherheitsnummer des Kontakts geändert hat (siehe dazu auch den Kasten »Sicherheitsbenachrichtigungen aktivieren« auf Seite 132). In den meisten Fällen besteht also kein Grund zur Unruhe. Wenn Sie möchten, können Sie natürlich trotzdem vorsorglich die Sicherheitsnummer mit dem Kontakt abgleichen. Am einfachsten gelingt dies, wenn die Person in Ihrer Nähe ist und Sie und Ihr Kontakt gegenseitig einen Blick auf die Smartphones werfen können. Ist dies nicht der Fall, empfiehlt es sich stattdessen, sich die 60-stellige Sicherheitsnummer laut vorzulesen. Damit diese angezeigt wird, gehen Sie und Ihr Kontakt folgendermaßen vor:

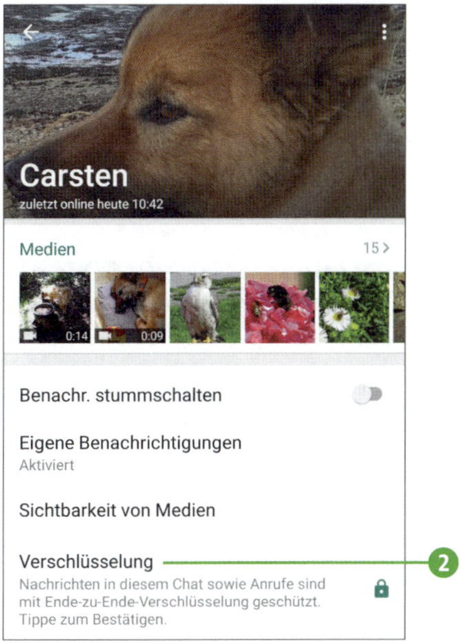

1. Blenden Sie den Chat mit dem Kontakt ein. Tippen Sie dann auf den Kontaktnamen 1, damit die Kontaktinfo angezeigt wird.
2. Tippen Sie in der Kontaktinfo auf **Verschlüsselung** 2.

Auf der folgenden Seite wird ein QR-Code eingeblendet und darunter die 60-stellige Sicherheitsnummer. Ist die Person, mit der Sie gerade den Abgleich der Sicherheitsnummer durchführen, bei Ihnen, können Sie den Code nun ganz bequem scannen.

3. Tippen Sie auf Ihrem Smartphone auf **Code scannen** 3, um die Kamera einzuschalten. Halten Sie die Kamera nun so auf den Bildschirm des Smartphones Ihres Kontakts gerichtet, dass der Code eingescannt werden kann. Stimmt die Sicherheitsnummer auf beiden Geräten überein, erscheint ein weißes Häkchen auf grünem Grund.

Sollte Ihr Kontakt nicht in der Nähe sein, gleichen Sie die Sicherheitsnummer einfach in einem Telefongespräch ab, indem einer von Ihnen dem anderen die Nummer vorliest. Falls die Nummern nicht übereinstimmen, hat einer von Ihnen wahrscheinlich versehentlich nicht den gemeinsamen Chat ausgewählt (siehe Schritt 1 auf Seite 131).

Sicherheitsbenachrichtigungen aktivieren

Um über geänderte Sicherheitsnummern informiert zu werden, müssen in WhatsApp die Sicherheitsbenachrichtigungen aktiviert sein. Ob dies auf Ihrem Smartphone der Fall ist, können Sie über **Einstellungen ▸ Account ▸ Sicherheit** prüfen. Über den Schieberegler können Sie die Benachrichtigungen nun aktivieren oder auch wieder deaktivieren.

... Sie einen Kontakt blockieren möchten?

Streitereien und Meinungsverschiedenheiten kommen immer wieder einmal vor. Mit manchen Menschen kann man diese fair aus der Welt schaffen, mit anderen leider nicht. Häufig reicht schon eine kleine Kommunikationspause, damit sich die Gemüter auf beiden Seiten wieder beruhigen. Doch das gelingt leider auch nicht in jedem Fall. Sollte ein Kontakt Sie in WhatsApp immer wieder mit Nachrichten nerven, müssen Sie dies aber nicht hinnehmen. Die Person in Ihrer Kontakte-App zu löschen bringt Ihnen allerdings gar nichts. Denn das hindert sie nicht daran, Ihnen weiterhin Nachrichten zu schicken. Nur wenn Sie den Kontakt blockieren, erhalten Sie von der Person weder Nachrichten noch Anrufe noch Statusmeldungen.

Der Kontakt erfährt von der Blockierung übrigens nichts. Er erhält nur ab dem Zeitpunkt der Blockierung keinerlei Online-Hinweise und Statusmeldungen mehr von Ihnen. Auch der Wechsel Ihres Profilbildes bleibt ihm verborgen. Nachrichten, die er Ihnen geschickt hat, werden auf seinem Smartphone nur mit dem einfachen Häkchen ✓ als Zeichen des Sendens versehen, nie aber mit einem doppelten Häkchen ✓✓, das die erfolgreiche Zustellung symbolisiert. Die Blockierung lässt sich natürlich jederzeit auch wieder aufheben. Um einen Kontakt zu blockieren, gehen Sie folgendermaßen vor:

1. Öffnen Sie den Chat mit dem Kontakt. Sollte Sie eine Person mit unbekannter Telefonnummer kontaktieren, können Sie diese ebenfalls blockieren. Öffnen Sie hierzu ebenfalls den Chat mit dieser Person.

2. Tippen Sie auf den Namen des Kontakts (1) bzw. auf die an dieser Stelle erscheinende Telefonnummer.

3. In der Kontaktinfo blättern Sie bis zum Eintrag **Blockieren** (iPhone: **Kontakt blockieren**). Nach einem Tipp darauf ❷ bestätigen Sie die Nachfrage nochmals mit **Blockieren**.

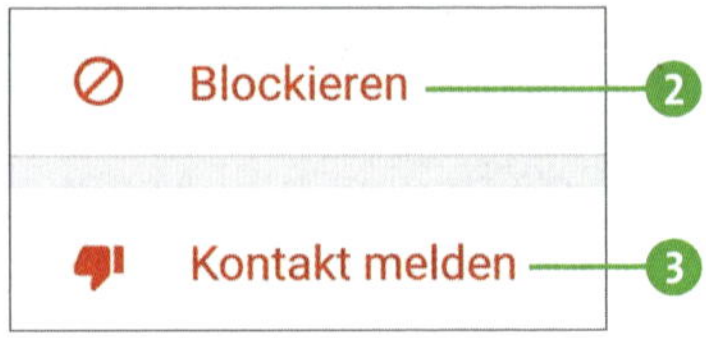

Einen Kontakt melden

Trauen Sie einer Person nicht, oder haben Sie den Verdacht, dass es sich bei einer Nachricht um Spam handelt? In einem solchen Fall haben Sie die Möglichkeit, WhatsApp den Kontakt zu melden ❸. Nach einem Tipp auf **Kontakt melden** haben Sie zudem die Möglichkeit, den Kontakt zu blockieren und Nachrichten des Chats zu löschen, bevor Sie die Meldung mit **Melden** abschicken (siehe dazu die Abbildung auf Seite 136). Das Unternehmen wird den Kontakt entsprechend prüfen und ggf. sogar sperren.

Haben sich die Wogen zwischen dem Kontakt und Ihnen wieder geglättet, heben Sie die Blockierung in WhatsApp folgendermaßen auf:

1. Blenden Sie die **Einstellungen** ein. Auf dem iPhone reicht hier ein Tipp auf den Eintrag am unteren Bildschirmrand, beim Android-Smartphone tippen Sie oben rechts auf ⋮ und dann auf **Einstellungen**.
2. Rufen Sie nacheinander **Account** ▸ **Datenschutz** ▸ **Blockierte Kontakte** (iPhone: **Blockiert**) auf.
3. Auf einem Android-Smartphone markieren Sie in der Liste den gewünschten Kontakt ❹ und bestätigen den Hinweis mit **... freigeben**. Nutzen Sie ein iPhone, wischen Sie auf dem Kontakt nach links und tippen dann auf **Freigeben**.

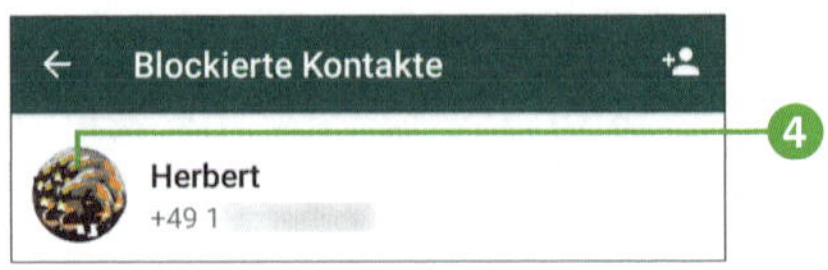

Sobald der Kontakt wieder freigegeben ist, können Sie wie gewohnt mit der Person Nachrichten austauschen.

... Sie kuriose Nachrichten über WhatsApp erhalten?

Sie haben eine Nachricht erhalten, in der behauptet wird, der Messenger WhatsApp sei seit Neuestem kostenpflichtig? Um die App weiterhin nutzen zu können, sollen Sie einen monatlichen Beitrag zahlen? Oder wurde Ihnen ein Gutschein für ein bekanntes Möbelhaus versprochen? Manche dieser Nachrichten werden von Freunden weitergeleitet, andere stammen von Unbekannten. Unabhängig davon, ob Sie den Absender kennen oder nicht, eines ist dieser Art Nachrichten gemein: Es handelt sich um Falschmeldungen, offiziell *Hoax*, heutzutage aber auch gerne *Fake News* genannt. Die gerade aufgeführten Beispiele sind dabei noch harmlos. Warnungen etwa vor Viren, die das Smartphone zerstören, oder vor vergifteten CDs, die demnächst im Briefkasten landen, klingen da schon bedrohlicher. Doch wie geht man mit solchen Falschmeldungen um?

Früher kamen derartige Kettenbriefe per Post, etwas später dann per E-Mail, und heute werden sie über soziale Netzwerke wie Facebook oder einen so beliebten Messenger wie WhatsApp verteilt. Der Aufforderung, eine Nachricht an alle Kontakte weiterzuleiten, da sonst Schlimmes passieren würde, sollten Sie keinesfalls nachkommen. Ist Ihnen der Absender bekannt, können Sie ihn höchstens darauf aufmerksam machen, dass es sich um eine Falschmeldung handelt, die er nicht weiterleiten sollte. Unbekannte Absender blockieren Sie am besten, um nicht weiterhin mit Nachrichten genervt zu werden. Wie dies funktioniert, haben Sie im vorherigen Abschnitt erfahren.

Zusätzlich haben Sie auch die Möglichkeit, einen Kontakt zu melden, wie im gleichnamigen Kasten auf Seite 134 gezeigt. Dass dies manchmal nötig ist, darauf weist WhatsApp selbst in seinen Nutzungsbedingungen hin. So verbietet WhatsApp das Senden von Nachrichten, die rechtswidrig, obszön, beleidigend, bedrohlich, einschüchternd, belästigend, hasserfüllt, rassistisch oder ethnisch anstößig sind. Auch das Anstiften und Ermuntern zu Verhaltensweisen, die illegal sind oder auf sonstige Weise die Nutzungsbedingungen verletzen, sind verboten. Das Unternehmen kann allerdings nur dann gegen die Absender solcher Meldungen vorgehen, wenn ihm diese auch bekannt sind.

... Sie ein neues Smartphone nutzen?

Viele Mobilfunkanbieter locken ihre Kunden mit ausgefallenen Angeboten für die neuesten Smartphone-Modelle, denen man kaum widerstehen kann. Doch was passiert mit WhatsApp, wenn man sich ein neues Smartphone zulegt? Kann man auch auf dem neuen Gerät auf die Kontakte, bisherigen Chats und ausgetauschten Medien zugreifen? Die Antwort lautet ja, sofern denn ein paar Voraussetzungen erfüllt sind:

- Sie müssen alle wichtigen Daten, die Sie beibehalten möchten, vom alten Smartphone in eine sog. *Cloud* wie *Google Drive* oder *iCloud* übertragen. Wie dies funktioniert, erfahren Sie im Abschnitt »Optionen zur Sicherung von Chats« ab Seite 120.
- Das alte und das neue Smartphone müssen das gleiche Betriebssystem besitzen. Bei einem Wechsel von einem iPhone zu einem Android-Smartphone oder umgekehrt lassen sich die WhatsApp-Daten leider nicht übernehmen.
- Sie melden sich mit dem gleichen Konto (*Google-Konto* oder *Apple-ID*), das Sie auch auf dem alten Gerät genutzt haben, auf dem neuen Smartphone an.

- Auch die Mobilfunknummer, die Sie für die Nutzung von WhatsApp verwenden, sollte sich nicht ändern (siehe dazu auch den Kasten »Neue Mobilfunknummer und neues Smartphone – was nun?« auf Seite 139).

Sind die Voraussetzungen – allen voran die Datensicherung – erfüllt, können Sie mit der Einrichtung des neuen Smartphones und damit auch der Installation von WhatsApp beginnen:

1. Schalten Sie das alte Smartphone aus, entnehmen Sie die SIM-Karte, und stecken Sie diese in das neue Gerät. Sobald Sie das neue Gerät eingeschaltet haben, beginnt dort die Einrichtung. Denken Sie daran, sich mit dem gleichen Google-Konto oder der gleichen Apple-ID anzumelden, das bzw. die Sie auch auf dem alten Smartphone verwendet haben.
2. Installieren Sie WhatsApp, starten Sie die App, und nehmen Sie die Einstellungen vor, so wie ab Seite 9 gezeigt. Geben Sie die Mobilfunknummer an, und warten Sie die Verifizierung per SMS ab.
3. WhatsApp prüft nun automatisch, ob auf Google Drive bzw. in der iCloud eine Datensicherung verfügbar ist. Wird ein entsprechendes Backup gefunden, können Sie dies mit einem Tipp auf **Wiederherstellen** übernehmen. Bestätigen Sie die folgenden Hinweise jeweils mit **Weiter**.

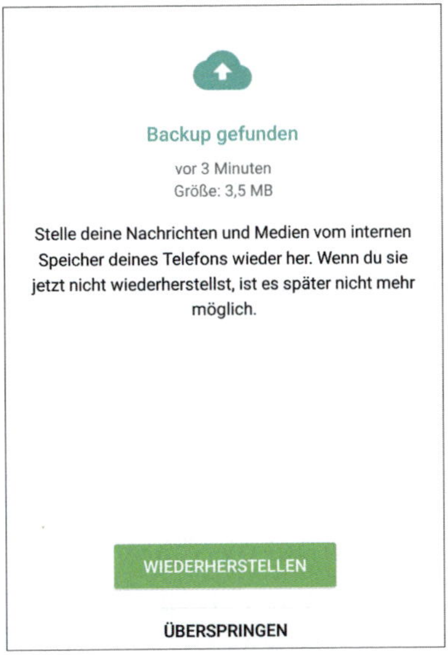

Sobald die Datensicherung erfolgreich auf das neue Smartphone übertragen wurde, stehen Ihnen die WhatsApp-Kontakte, Chats und mehr wieder zur Verfügung. Wenn Ihre Kontakte eine entsprechende Benachrichtigung eingerichtet haben, erhalten sie nun den Hinweis, dass sich Ihre Sicherheitsnummer geändert hat (siehe dazu auch den Abschnitt »Was tun, wenn sich die Sicherheitsnummer eines Kontakts geändert hat?« ab Seite 130).

… Sie eine neue Mobilfunknummer erhalten?

Sie haben den Mobilfunkanbieter gewechselt und nun eine neue Mobilfunknummer? Wenn Sie WhatsApp zukünftig mit dieser Nummer nutzen möchten, müssen Sie in der App die alte Handynummer durch die neue ersetzen. Dies geht so:

1. Tauschen Sie auf dem Smartphone zunächst die alte SIM-Karte gegen die neue aus. Beim Einschalten des Geräts wird gleich die PIN der neuen Karte abgefragt.
2. Öffnen Sie WhatsApp, und rufen Sie die Einstellungen auf. Beim iPhone tippen Sie hierzu am unteren Bildschirmrand auf **Einstellungen**, beim Android-Smartphone auf ⋮ und dann auf **Einstellungen**.
3. Tippen Sie nacheinander auf **Account ▸ Nummer ändern**. Bestätigen Sie den Hinweis mit **Weiter** (lesen Sie hierzu auch den Kasten »Neue Mobilfunknummer und neues Smartphone – was nun?« auf Seite 139).
4. Geben Sie zunächst Ihre alte Mobilfunknummer an, dann die neue. Verzichten Sie bei der Vorwahl auf die führende Null (0). Bestätigen Sie mit **Weiter**.

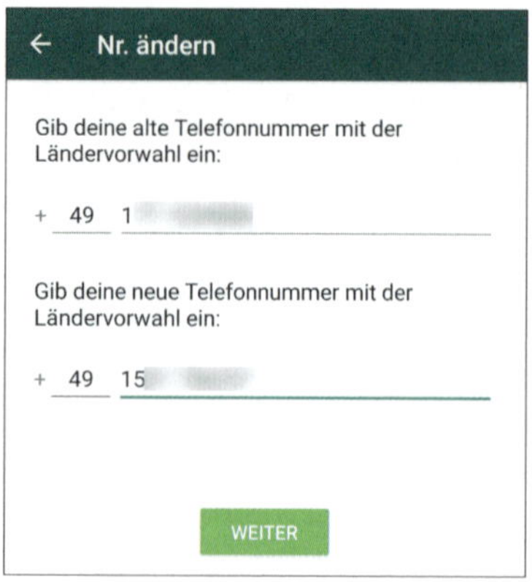

Die neue Mobilfunknummer wird nun automatisch für das WhatsApp-Konto übernommen. Damit Ihre Kontakte sich nicht über die ihnen noch unbekannte Nummer wundern, sollten Sie diese entsprechend informieren. Wie man neue Telefonnummern bereits vorhandenen Kontakten zuweist, erfahren Sie im Kasten »Nachrichten von unbekannten Mobilfunknummern« auf Seite 34.

Neue Mobilfunknummer und neues Smartphone – was nun?

Sie haben nicht nur eine neue Mobilfunknummer, sondern auch ein neues Smartphone? Damit der Chatverlauf von WhatsApp auf dem neuen Gerät übernommen wird, gilt es, die richtige Reihenfolge einzuhalten: Ersetzen Sie zunächst auf dem alten Smartphone die alte Nummer durch die neue, wie in diesem Abschnitt ab Seite 138 gezeigt. Nehmen Sie dann auf dem alten Smartphone eine Datensicherung in der Cloud vor, wie im Abschnitt »Optionen zur Sicherung von Chats« ab Seite 120 beschrieben. Anschließend folgen Sie der Anleitung im Abschnitt »Was tun, wenn Sie ein neues Smartphone nutzen?« ab Seite 136.

... Sie WhatsApp Web am Computer nutzen möchten?

Das Lesen von WhatsApp-Nachrichten auf dem kleinen Bildschirm eines Smartphones ist nicht immer einfach. Auch das Eingeben längerer Texte über die kleine Bildschirmtastatur ist nicht jedermanns Sache. Gehören Sie auch zu denjenigen, die dem großen Monitor und der bequemen Tastatur der größeren Computer den Vorzug geben, sollten Sie einmal *WhatsApp Web* ausprobieren. Damit können Sie ganz bequem von jedem beliebigen Desktop-PC, Notebook oder einem Apple-Gerät aus über eine Website auf Ihre WhatsApp-Nachrichten zugreifen und auch neue Nachrichten verfassen. Nur Anrufe sind über WhatsApp Web nicht möglich.

Das Öffnen der Website kann über die Browser *Google Chrome*, *Opera*, *Edge*, *Firefox* oder *Safari* erfolgen. Damit WhatsApp Web funktioniert, benötigen Sie allerdings trotzdem ein Smartphone, auf dem WhatsApp installiert ist. Da es bei der Nutzung von WhatsApp Web während der Synchronisierung der Nachrichten zum Einsatz kommt, sollte es sich auch in greifbarer Nähe befinden. Sind der Computer sowie das Smartphone eingeschaltet und mit dem Internet verbunden, kann es direkt losgehen:

1. Starten Sie auf dem Computer einen der zuvor aufgeführten Browser. Öffnen Sie die Webadresse *https://web.whatsapp.com* ❶.

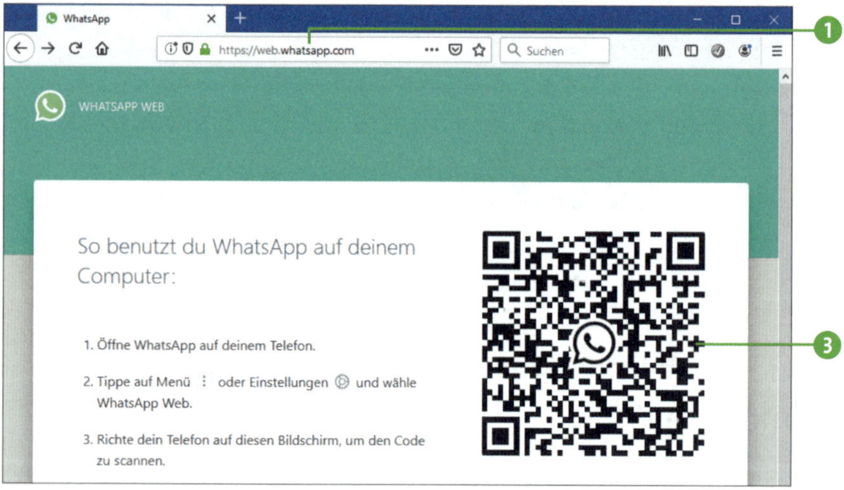

2. Weiter geht es auf dem Smartphone, auf dem Sie nun WhatsApp öffnen. Direkt nach dem Start sollte sich das Register **Chats** im Vordergrund befinden. Tippen Sie auf ⋮ und dann auf **WhatsApp Web** ❷. Auf dem iPhone wählen Sie **Einstellungen ▸ WhatsApp Web/Desktop**.

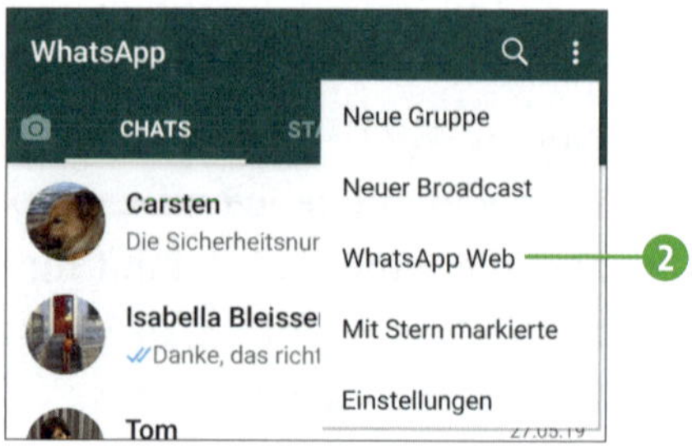

3. Auf dem Smartphone wird nun eine kurze Anleitung zum weiteren Vorgehen eingeblendet. Tippen Sie auf **OK, verstanden**. Damit wird die Kamera des Smartphones aktiviert. Richten Sie diese nun so auf den Computer-Bildschirm aus, dass der QR-Code ❸ auf der Webseite eingescannt werden kann.

Wurde der QR-Code korrekt eingelesen, sind der Browser und das Smartphone auch schon miteinander gekoppelt. Damit können Sie WhatsApp Web auf dem Computer nutzen. Die Bedienung ist ganz einfach.

In der linken Spalte werden zunächst all Ihre Chats aufgelistet ❹. Reicht der Platz in der linken Spalte nicht zur Anzeige aller Chats aus, wird am rechten Rand der Spalte ein Balken eingeblendet, über den Sie in der Chatübersicht blättern können ❺.

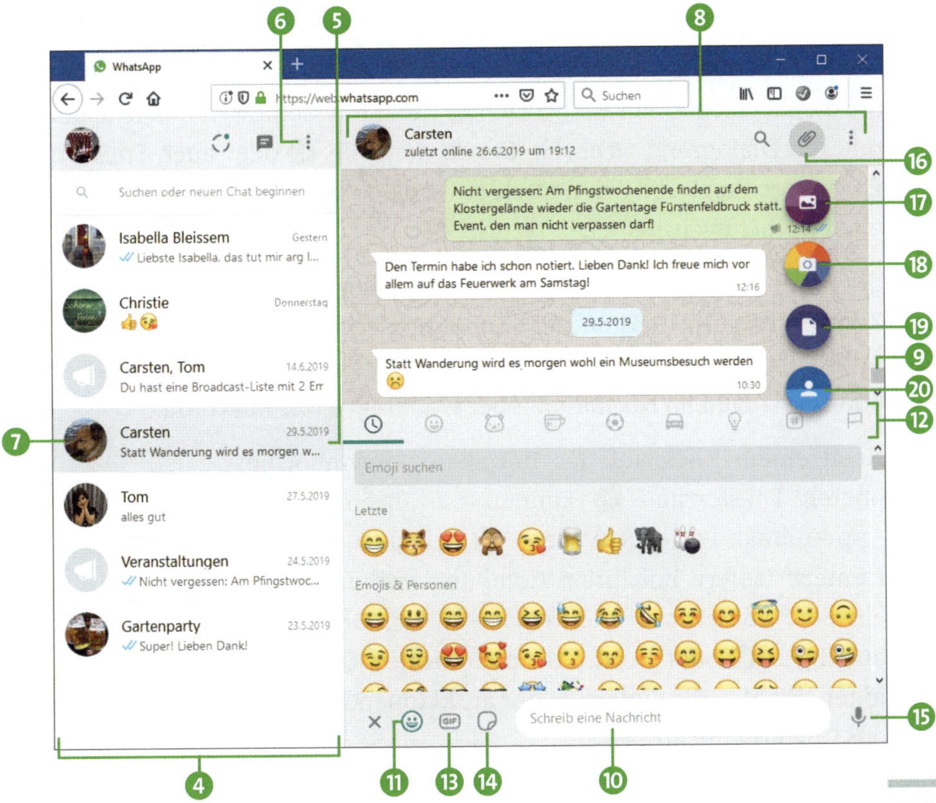

Tippen Sie am oberen Rand der Spalte auf das Symbol ⑥, wird das Menü eingeblendet, über das Sie z. B. die Einstellungen erreichen, eine neue Gruppe erstellen, Ihre Profilseite aufrufen oder auch zu den archivierten oder mit Stern markierten Chats gelangen. Markieren Sie in der linken Spalte einen Chat ⑦, wird rechts der entsprechende Chatinhalt angezeigt ⑧. Auch hier finden Sie rechts einen Balken ⑨, über den Sie im Chat blättern können.

Das Eingabefeld für Ihre Nachrichten befindet sich am unteren Fensterrand ⑩. Ein Klick in das Feld, und schon kann es mit der Texteingabe losgehen. Wenn Sie ein Emoji einfügen möchten, klicken Sie auf das Symbol ⑪. Am oberen Rand des nun sichtbaren Dialogs finden Sie die diversen Emoji-Kategorien ⑫, über die kleine Symbolleiste am unteren Dialogrand wechseln Sie zu den GIFs ⑬ oder auch Stickern ⑭. Am rechten Rand des Textfeldes wird das Symbol zum Aufzeichnen einer Sprachnachricht eingeblendet ⑮.

Bevor Sie diese aufzeichnen können, müssen Sie WhatsApp Web den Zugriff auf das Mikrofon des Computers erlauben. Ein solches muss selbstverständlich an Ihrem Desktop-PC angeschlossen sein. Notebooks verfügen im Normalfall über ein integriertes Mikrofon.

Nach einem Klick auf das Büroklammersymbol am oberen Fensterrand ⑯ können Sie Ihrem WhatsApp-Kontakt **Fotos & Videos** ⑰ schicken, mit der **Kamera** (sofern auf Ihrem Computer vorhanden) ⑱ ein Foto aufnehmen und versenden, ein **Dokument** anhängen ⑲ oder **Kontaktinformationen** ⑳ weiterleiten. Wählen Sie einfach in der aufklappenden Leiste das Gewünschte aus.

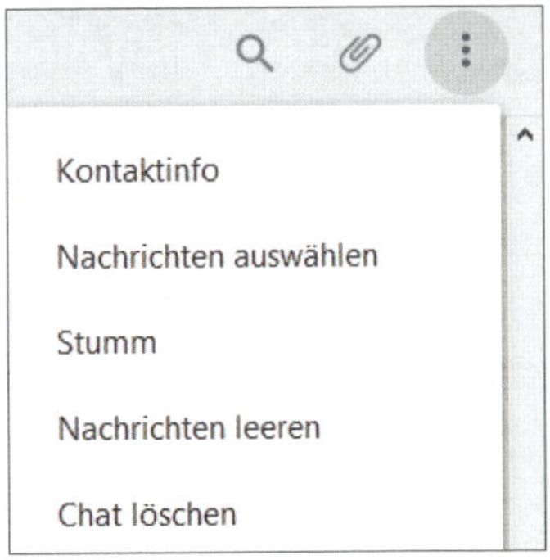

Über das Symbol oben rechts gelangen Sie zur Kontaktinfo, können einen Chat stummschalten oder auch eine zuvor markierte Nachricht bzw. den ganzen Chat löschen.

Wenn Sie Ihre Chats nicht weiter am Computer bearbeiten möchten, sollten Sie sich zunächst bei WhatsApp Web abmelden, bevor Sie das Browserfenster schließen oder eine neue Website aufrufen. Klicken Sie hierzu oberhalb der linken Spalte auf das Symbol (6 auf Seite 141). Im aufklappenden Menü wählen Sie **Abmelden**.

Sollten Sie das Browserfenster versehentlich vor der Abmeldung geschlossen haben, können Sie den Vorgang auch über das Smartphone ausführen. Tippen Sie hier in WhatsApp im Register **Chats** auf das Symbol und dann auf **WhatsApp Web** (iPhone: **Einstellungen ▸ WhatsApp Web**). Auf der folgenden Seite werden alle Computer aufgelistet, auf denen Sie über WhatsApp Web angemeldet sind. Mit **Von allen Geräten abmelden** 21 und **Abmelden** beenden Sie die Verbindung zu den PCs. Über den Pfeil oben links 22 bzw. über das Register **Chats** kehren Sie wieder zur Chatübersicht zurück.

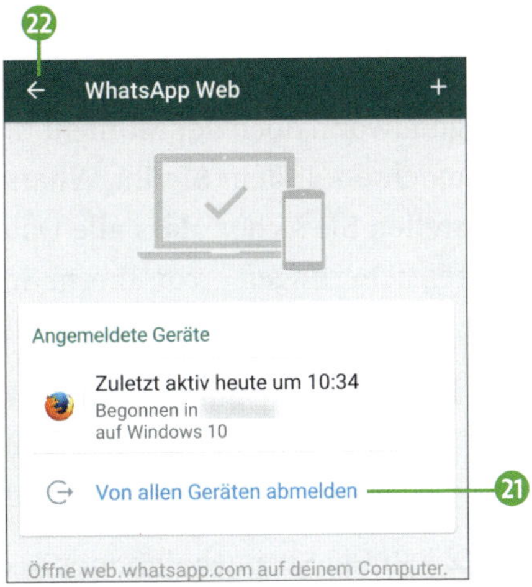

Was versteckt sich hinter WhatsApp Business?

Für kleinere Unternehmen bietet WhatsApp eine ganz besondere App an: *WhatsApp Business*. Neben den Funktionen, die auch von der normalen WhatsApp-Version bekannt sind, bietet die Business-Version zusätzliche Möglichkeiten, um bequem mit Kunden in Kontakt zu bleiben. So können Sie z. B. automatische Nachrichten generieren und Ihre Kontaktliste in Gruppen sortieren, um so Kunden schneller wiederzufinden. WhatsApp und WhatsApp Business lassen sich parallel auf einem Smartphone nutzen. In diesem Fall müssen die Apps allerdings mit unterschiedlichen Nummern verifiziert werden. WhatsApp Business lässt sich auch mit einer Festnetznummer nutzen. Die App ist sowohl für Android-Smartphones als auch für iPhones verfügbar.

... Sie Ihren WhatsApp-Account löschen möchten?

Auch wenn es eher selten der Fall sein dürfte, aber vielleicht kommt irgendwann doch der Moment, in dem Sie WhatsApp nicht mehr nutzen möchten. Indem Sie Ihr WhatsApp-Konto, den sog. *Account*, löschen, stellen Sie sicher, dass alle Daten – also Chats, Medien und selbst Datensicherungen – von Ihrem Smartphone gelöscht werden. Zusätzlich werden Sie auch aus all Ihren Gruppen entfernt.

1. Tippen Sie auf Ihrem Android-Smartphone auf das Symbol ⋮ und dann auf **Einstellungen**. Beim iPhone erreichen Sie diese direkt am unteren Bildschirmrand.
2. Rufen Sie nacheinander **Account** ▸ **Meinen Account löschen** auf.
3. Geben Sie die Mobilfunknummer an, die Sie für WhatsApp nutzen ①. Ist die vorgegebene Länderkennung nicht korrekt, müssen Sie diese ggf. anpassen. Bei der Vorwahl Ihrer Mobilfunknummer lassen Sie die führende Null (0) auch hier wieder weg.

4. Tippen Sie schließlich auf **Meinen Account löschen** 2, und bestätigen Sie den folgenden Hinweis.

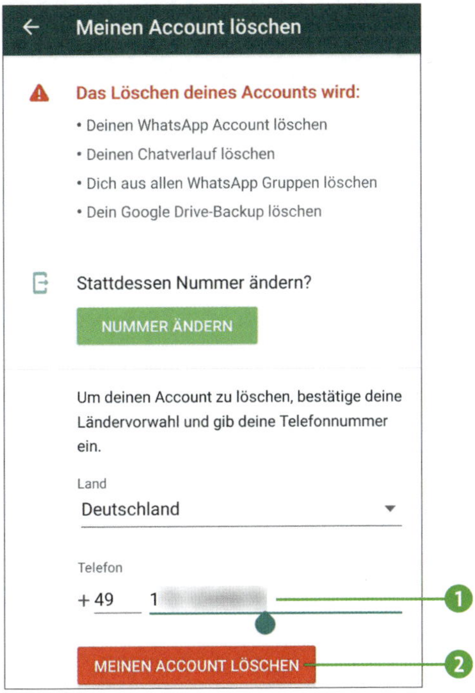

Sollten Sie WhatsApp später doch noch einmal nutzen wollen, können Sie sich problemlos erneut mit Ihrer Mobilfunknummer bei der App anmelden und sie anschließend ganz nach Ihren Wünschen einrichten. Die Kontakte, die Sie bereits in der Kontakte-App gespeichert haben, stehen Ihnen sofort wieder zur Verfügung, auf die Chats, die Sie vor der Löschung des Accounts geführt haben, haben Sie dann allerdings keinen Zugriff mehr.

Stichwortverzeichnis

A

B

C

G

H

I

K

L

M

N

O

P

S

T

U

V

W

Z